83ᵉ exposition du Cabinet des Dessins

Musée du Louvre
26 octobre 1984 - 28 janvier 1985

Dessins français du XVIIᵉ siècle

Ministère de la Culture
Editions de la Réunion des musées nationaux

Cette exposition a été réalisée par la Réunion des musées nationaux
avec le concours des Services techniques du musée du Louvre

Couverture
Claude Gellée dit Le Lorrain, *La Sibylle de Cumes conduisant Enée* (détail), cat. 86

ISBN 2.7118.0282.5

Préface

En 1960, au moment où avait lieu, dans les salles du Musée du Louvre, l'exposition *Poussin*, le Cabinet des Dessins organisait, sous la direction de Mme Bouchot-Saupique, deux expositions de dessins du XVIIe siècle, l'une consacrée par Jacob Bean aux artistes italiens travaillant à Rome au temps de Poussin, la seconde, par Jacob Bean et moi-même, aux contemporains français de Poussin. Depuis cette date, à maintes reprises, le Cabinet des Dessins a présenté des pièces majeures du XVIIe siècle français, lors des grandes rétrospectives consacrées aux maîtres de cette époque et à l'occasion d'expositions de collections anciennes, comme celles de Mariette en 1967, de Louis XIV en 1977, ou plus récemment du comte d'Orsay en 1983. Mais, pour la première fois depuis une vingtaine d'années, l'actuelle exposition, réunissant plus de cent cinquante dessins d'artistes français du XVIIe siècle, reprend le sujet traité en 1960, permettant de revoir des pièces célèbres, proposant aussi un bilan des découvertes; en effet, nombreuses sont ici les œuvres récemment attribuées ou identifiées. Cette exposition prend ainsi la forme d'un hommage rendu aux spécialistes dont les travaux ont permis, au cours de ces dernières années, une plus sûre compréhension du XVIIe siècle et de ses problèmes, particulièrement dans l'étude du dessin français; à cet hommage, il convient d'associer les amateurs et collectionneurs en France et à l'étranger, dont la passion pour les œuvres de cette époque a sans aucun doute contribué à une meilleure connaissance de l'art de ce temps.

L'exposition débute avec des pièces de la seconde Ecole de Fontainebleau, parfois antérieures à 1600, à travers lesquelles s'est transmis et enrichi l'héritage bellifontain du XVIe siècle; elle se termine en 1664, date de la nomination de Le Brun comme Premier Peintre. Le Cabinet des Dessins prépare en effet pour l'automne 1985 une exposition consacrée à *Le Brun à Versailles*, qui, à l'aide des cartons et études du maître et de son atelier, ainsi que des œuvres de ses contemporains, évoquera les grands cycles décoratifs versaillais et les réactions qu'ils suscitèrent. Dans une troisième exposition prévue pour 1986, sera concernée l'évolution du dessin du début du XVIIIe siècle à 1737, date de la mort de François Lemoyne.

La richesse des collections graphiques du Louvre s'appuie essentiellement sur de grands fonds, dont certains entrés dès la seconde moitié du XVIIe siècle dans le Cabinet du Roi : c'est le cas, par exemple, du groupe important de dessins de Dubreuil ayant appartenu à Desneux de la Noue et acquis en 1671 à E. Jabach, ou encore de l'atelier de Le Brun entré en 1690. Aux beaux achats réalisés en 1775 à la vente Mariette et à l'entrée en 1776 dans la collection royale de l'Album Saint-Bruno de Le Sueur, sont venues s'ajouter par saisie des Emigrés les nombreuses pièces du XVIIe siècle que Saint-Morys avait réunies à la veille de la Révolution et dont la provenance restait inconnue en 1960. L'admirable suite de dessins de Poussin portant la marque His de La Salle, les achats à la vente Chennevières en 1900, le don en 1920 par la Société des Amis du Louvre des Claude de la collection. J.-P. Heseltine, l'entrée en 1935, grâce à la générosité de M. Jitta, des Albums Cholmondeley qui regroupent des dessins de Vouet et de ses élèves, ont permis de constituer au Louvre des ensembles exceptionnels pour la connaissance du dessin français au XVIIe siècle. C'est dans le même esprit qu'à côté de pièces isolées nouvellement acquises de Callot, Vouet, La Hyre, Champaigne ou Daret, le Cabinet des Dessins a tenu à faire entrer dans les collections en 1978 le fonds d'atelier de Nicolas Mignard, dont six pièces sont ici exposées.

Roseline Bacou
Conservateur en chef
du Cabinet des Dessins

En raison du volume du catalogue, la bibliographie, souvent très importante, a été volontairement abrégée.

Catalogue

établi par :

Roseline Bacou   48 à 64
Lydia Beauvais   137 à 146
Barbara Brejon de Lavergnée   23 à 31, 38, 73, 136
Yvonne Bérard   37, 89 à 92, 114 à 116, 151, 152
Dominique Cordellier   1 à 7, 9 à 14, 16, 17, 111
Jean-François Méjanès   15, 18 à 22, 45 à 47, 65 à 72, 74 à 88, 105 à 109, 113, 117 à 129, 147, 148
Louis-Antoine Prat   8, 32 à 36, 99 à 104, 110, 112, 153
Brigitte Scart   39 à 44, 93 à 98, 130 à 135

Les auteurs du catalogue tiennent à remercier particulièrement
P. Jean-Richard, P. Rosenberg, A. Schnapper et J. Thuillier.
Pour l'aide apportée, ils expriment leurs remerciements à Th. Augarde,
L. Bécart-Sée, S. Béguin, A. Brejon de Lavergnée, J.-C. Boyer, C. Comer,
I. Compin, Ch. de Couëssin, N. Coural, L. Galactéros de Boissier,
I. Kettaneh, C. Kroell, J. Labbé, S. Laveissière, J. Loach, F. Macé de
Lepinay, A. Mérot, R. Michel, J. Montagu, P. Pacht-Bassani,
M. Polakovits, Ph. Pouncey, A. Rambaud-Lloyd, M.-C. Sahut, S. Savina,
A. Sérullaz, A. et U. van de Sandt.

Ambrosius Bosschaert dit Ambroise Dubois

Anvers v. 1543 - Fontainebleau 1614

1 Théagène et Chariclée

> Plume et encre brun-rouge, lavis brun, sanguine sur préparation à la pierre noire. Angles découpés. H. 0,092 ; L. 0,156. Au verso, à la pierre noire, femme assise.

Hist. Collection Edmond de Rothschild. Inventaire DR 3493.

Bibl. Béguin, 1971, p. 31, fig. 1, 2 ; 1972, n° 87 p. 85 ; 1979, p. 233, n. 9.

Dessin attribué à Dubois par F. Viatte et publié par S. Béguin. C'est, au recto, une étude pour Théagène et Chariclée dans la caverne de l'île des Pâtres, l'une des peintures du décor inspiré par le roman d'Héliodore, traduit dès 1547 par J. Amyot et souvent repris, *L'Histoire aethiopique de Heliodorus... traictant des loyales et pudiques amours de Théagène Thessalien et Chariclea Aethiopienne,* pour le Grand Cabinet du Roi à Fontainebleau, dit Cabinet de Théagène ou Salon Louis XIII (Stechow, 1953, p. 147). Ce dessin est proche de la peinture bien que n'y figurent pas, à l'arrière-plan, Théagène et Cnémon découvrant Thisbé assassinée par Thémis. La découpe de la feuille témoigne peut-être d'un parti de compartimentage abandonné en cours d'élaboration. Les personnages de Théagène et de Chariclée ont été préparés par une autre étude (Louvre, Inventaire 21074 ; Lugt, 1968, n° 323, p. 80, pl. 118), qui présente de notables variantes et peut se placer antérieurement. Un *bozzetto* de même sujet (Dresde ;

Béguin, 1979, fig. 4), où apparaît cette fois, en plus des héros, Cnémon portant un flambeau, a trouvé sa destination définitive dans un autre épisode se déroulant également dans l'île des Pâtres, mais de jour et en plein air (Béguin, 1966, fig. 7). On rattache l'étude de femme assise à la pierre noire du verso, l'une des plus libres de Dubois, au cycle de Chariclée sans qu'il soit possible d'en retrouver l'attitude dans les peintures du Cabinet de Théagène.

2 Daphnis et Chloé sacrifiant au dieu Pan

> Plume et encre brune, lavis gris, avec rehauts de blanc, sur deux feuilles de papier. H. 0,377 ; L. 0,509.

Hist. Saint-Morys — Saisie des Emigrés. Inventaire 33571.

Bibl. Béguin, 1966, p. 14, n. 18 p. 67, fig. 15 — Lugt, 1968, n° 324 p. 80, pl. 119 — Bacou, 1971, n° 87 — Béguin, 1971, pp. 32-34, fig. 4 — Bacou, 1978-2, n° 106 — Béguin, 1979, n° 13 p. 233.

Reconnu comme Dubois parmi les anonymes français par S. Béguin à qui l'on en doit l'étude : le sujet est tiré de la pastorale de Longus, *Daphnis et Chloé,* connue par la traduction de Amyot de 1559. Trois autres dessins de Dubois, de format très comparable, empruntent à la même source : *Daphnis et Chloé épiés par Lycénion* (Paris, coll. part. ; Béguin, 1972, n° 89, repr.), *Le berger Dryas découvrant Chloé dans la grotte des nymphes* (Hanovre, Kestner Museum, Inventaire 629 ; Béguin, 1966, fig. 16, p. 14), *Le chevalier Lamon tendant Daphnis enfant à sa femme* (Joachim, 1974, n° 3, repr.). Peut-être faut-il voir là quatre des projets pour les « six grands paysages » du Cabinet de la Volière à

1

2

Fontainebleau cités, sans nom d'auteur, par le père Dan (1642, p. 151). Il n'y aurait dans ce cas aucun lien iconographique entre l'*Art de Peinture et Sculpture* de Dubois récemment retrouvé par J.-P. Cuzin et identifié par S. Béguin (1979, fig. 1, p. 230) avec le tableau de la cheminée et les « paysages » du Cabinet. Ici, la profondeur de l'espace, nettement marquée par la rupture entre le groupement foisonnant et enchevêtré de figures onduleuses ou ramassées et les lointains ténus et déliés, semble bien du Dubois des années 1610.

pour s'être accusée devant Aladin d'avoir enlevé l'Image de la Vierge que le roi avait dérobée aux chrétiens pour la placer dans une mosquée (p. 19 de la traduction de 1595 par Blaise de Vigenère). On reconnaît là, avec Dimier, le dessin relatif à un tableau que Félibien (1705, III, p. 100) cite dans le Cabinet de la Reine au Louvre, sous le nom de Honnet, et appartenant à un décor des années 1600-1614 environ (Erlande-Brandenburg, 1966, pp. 105-113 ; Béguin, 1967). Les autres tableaux de Honnet *(Ismène devant Aladin, Aladin enlevant l'Image de la Vierge),* de Dubois *(Olinde s'accuse auprès d'Aladin, Sophronie soutient devant Aladin qu'elle est cou-*

Gabriel Honnet

Début du XVIIᵉ siècle

3   *Aladin condamnant Sophronie*

Plume et encre brune, lavis brun, avec rehauts de blanc, sur esquisse à la pierre noire et papier beige. H. 0,265 ; L. 0,289. Annoté en bas à gauche à la plume et encre brune : *Primaticcio*.

Hist.   Saint-Morys — Saisie des Emigrés. Inventaire 33563.

Bibl.   Dimier, 1925, p. 81 ; 1942, p. 54 — Debaisieux, 1953, nº 28, p. 16 — Béguin, 1960, p. 132 ; 1967, p. 93, fig. 3 ; 1972, nº 126 repr. — Blunt, 1973, p. 41.

Le sujet, tiré de la *Jérusalem délivrée* du Tasse, illustre avec précision la strophe XXVI du chant II : Sophronie condamnée à périr sur le bûcher

3

pable), de Dumée (*Clorinde arrive à Jérusalem, Clorinde devant Aladin, Olinde et Sophronie délivrés*) sont perdus. En revanche, un dessin de Dumée, *Olinde et Sophronie délivrés du bûcher* (Paris, Ecole des Beaux-Arts ; Béguin, *op. cit.,* fig. 2) se rapporte assurément à cet ensemble, et une feuille de la Bibliothèque Municipale de Rouen copie l'*Arrivée de Clorinde à Jérusalem* (*op. cit.,* fig. 5). On pense connaître une étude de Dumée pour *Clorinde devant Aladin* (Paris, Ecole des Beaux-Arts ; *op. cit.,* fig. 4), mais l'artiste n'y fait pas montre de cette fidélité au texte dont témoignent les autres dessins. Peut-être faut-il y ajouter un dessin sur cuivre de Dubois (coll. part. ; Béguin, 1966, fig. 14) qui nous conserverait le souvenir de l'*Olinde s'accusant devant Aladin,* et Blunt (1973, pp. 38-41, fig. 45) a rendu à Dubois un dessin à la sanguine (Angleterre, coll. part.), *Sophronie condamnée à être brûlée,* peut-être un projet non abouti de l'artiste pour la scène ici traitée par Honnet. Le dessin exposé est la seule œuvre sûre de Honnet.

Jacob Bunel

Blois 1558 - Paris 1614

4 Henri IV

Plume et encre brune, lavis brun, avec rehauts de blanc, sur esquisse à la pierre noire et au stylet, sur papier beige. H. 0,40 ; L. 0,297. Angles découpés.

Hist. Entré avant 1869. Inventaire 33594.

Bibl. Reiset, 1869, n° 1399 — Guiffrey et Marcel, II, n° 1755 — Dimier, 1924, I, p. 89 ; II, n° 1324 — Béguin, 1964, p. 98 ; n. 93, p. 99 ; 1970, p. 88, fig. 6 — Bacou et Béguin, 1972, n° 31 p. 29, repr. — Béguin, 1975, p. 167 ; n. 15 p. 172 — Thuillier, 1975, p. 186, n. 45 p. 193, fig. 117 .

On doit à Reiset (1869, n° 1399) d'avoir rapproché ce portrait d'Henri IV de celui peint par Bunel dans la Petite Galerie du Louvre, et à Dimier d'y avoir vu la main même de l'artiste. Le décor de la Petite Galerie, entrepris par Dubreuil et auquel participèrent Bunel (marché du 22 mai 1607 ; Collard et Ciprut, 1963, p. 38) et Pourbus, a disparu dans l'incendie de 1661. Sauval (1724, II, pp. 37-40) en a laissé une description. Il comportait, dans l'intervalle des 21 croisées, des portraits des rois jusqu'à Saint Louis et de gentilshommes, et, en vis-à-vis, des reines et des dames de la Cour. Une participation de Dubreuil dans la conception des por-

traits a été évoquée : S. Béguin (1964, p. 98 et n°ˢ 95, 96) a mis en relation avec ceux-ci deux dessins de Dubreuil au Louvre (Inventaire 26274 et 26274 bis). Sauval dit cependant que, hormis le portrait de Marie de Médicis par Pourbus (v. 1609-1610), seule peinture conservée de la galerie (Louvre), « tous les autres portraits sont de la main ou du dessein *(sic)* de Bunel » (Sauval, II, p. 38). Quant à notre feuille, si, comme le supposent R. Bacou et S. Béguin (1972, n° 31 et Béguin, 1975, n. 15 p. 172) les deux portraits en médaillon sont ceux des enfants d'Henri IV, Dubreuil, mort en 1602, ne peut en être l'auteur. J. Thuillier note (1975, n. 45 p. 193) que ces deux médaillons rentraient dans le schéma des portraits de rois « entourés de têtes » décrits par Sauval et suggère, avec Duportal (1914-2, p. 327), que Bunel a médité le portrait d'Henri IV en pied, sous un portique, gravé par T. de Leu pour illustrer l'ouvrage d'A. de Laval, *Des peintures convenables aus Basiliques et Palais du Roy, mesmes à sa Gallerie du Louvre à Paris* (1600 ; Thuillier, 1975, fig. 116). La facture du dessin, un lavis libre discipliné par le trait, au-delà d'analogies avec Bellange, renvoie à Caron et on la retrouve dans un dessin d'une collection privée parisienne représentant peut-être un *Henri IV à l'antique parmi les muses* (?) et annoté *de beunel pour le roi,* où il faut sans doute voir un projet pour une peinture, non décrite par Sauval, de la voûte de la Petite Galerie.

Toussaint Dubreuil

Paris ? v. 1561 - Paris 1602

5 Plafond au chiffre d'Henri IV

Plume et encre brune, lavis brun, aquarelle, avec rehauts de blanc et d'or, sur esquisse à la pierre noire et au stylet, sur papier beige. H. 0,407 ; L. 0,488. Annoté au verso à la plume et encre noire : *cent douze,* et paraphe non identifié.

Hist. E. Jabach (L. 2959) — Entré en 1671 dans le Cabinet du Roi, Inventaire 26277.

Bibl. Tauzia, 1879, n° 1728 p. 82 — Guiffrey et Marcel, V, n° 3690 — Dimier, 1942, p. 51, pl. 63 — Béguin, 1964, p. 94, repr. p. 92 ; 1970, p. 85, pl. XXIX — Bacou, 1972, n° 104, repr. p. 100 — Harprath, 1977, p. 65 n. 2 — Méjanès, 1977, n° 141, p. 164, repr. p. 165.

Projet de plafond qu'il est possible de dater entre l'entrée à Paris d'Henri IV (1594), dont on voit

4

5

l'initiale couronnée entrelacée de cornes d'abondance, et la mort de Dubreuil (1602) auquel l'attribution de cette feuille n'a jamais été contestée. Au centre, Prométhée accompagné de Minerve dérobe le feu à la roue du char d'Apollon, à gauche, Hercule délivrant Prométhée (un autre dessin de Dubreuil sur ce sujet au Louvre, Inventaire 26273). A droite nous pensons reconnaître, non Vulcain et Minerve présentant Pandore aux dieux (Béguin, 1964, n. 58 p. 94), mais Jupiter ordonnant à Prométhée et Minerve de faire une figure humaine que le souffle du vent anime. L'association de ce dernier thème au vol du feu se trouve à la même époque dans une estampe de E. Dupérac (Robert-Dumesnil, VIII, p. 109, n° 65) et les épisodes se succéderaient ainsi narrativement de droite à gauche. L'épisode central a conduit à voir là une assimilation du motif solaire à la personne royale telle qu'elle paraît déjà sous Charles IX (Béguin, 1964 et 1970). La présence d'Hercule, métaphore d'Henri IV dès 1594 (Bardon, 1974, p. 165 et *passim*), par ailleurs, a suscité un rapprochement avec l'Histoire d'Hercule (perdue) peinte au Pavillon des Poêles à Fontainebleau par Ruggieri et Dubreuil (Dan, 1642, pp. 129-131). Cette hypothèse, envisageable puisque le plafond de ce décor n'a pas été décrit, est rendue fragile par la date, bien antérieure à 1594, qu'on assigne à celui-ci. Aux angles du dessin, les femmes assises dans des octogones (deux Victoires, peut-être par allusion à la bataille d'Ivry de 1589 et à la réddition de Mantes de 1590, la Gloire et la Renommée) répondent à une formule décorative dont Dubreuil a usé aussi au plafond du Château Neuf de Saint-Germain-en-Laye (Engerand, 1899, p. 293, n°s 60-61). Les Saisons (Flore, Cérès, Bacchus, Saturne) les jouxtent. Les rectangles en camaïeu bleu sont peut-être dévolus à Bacchus : son combat contre les Amazones et son triomphe à gauche, sa lutte contre les Thraces (?) à droite. Parmi les petits ovales : Vénus (près de l'Automne), Diane (près de la Renommée), Neptune et Diane (de part et d'autre de la Victoire), Léda et le Cygne, Diane et le Cerf (entre les épisodes de Prométhée), Hercule et Neptune à nouveau (de part et d'autre de la seconde Victoire), Mercure (près de l'Hiver). Both de Tauzia, Guiffrey et Marcel pensaient à un projet — délaissé — pour la voûte de la Petite Galerie du Louvre et il est vrai que, de Primatice à Le Brun, le motif du Char vu *di sotto* est bien l'une des plus remarquables des peintures plafonnantes de galerie. Rien ne prouve que ce projet ait été réalisé.

6

6 La Trinité avec quatre anges

Sanguine. H. 0,478 ; L. 0,386. Au verso, à la pierre noire, Dieu le père tenant le Christ mort. Annoté à la pierre noire : *pris douze frans la;* à la plume et encre noire : *six vingt (...?)* et paraphe non identifié.

Hist. Desneux de la Noue ; au verso, signature et paraphe (L. 661) avec mention : *Dubreuil* — E. Jabach (L. 2959) — Entré en 1671 dans le Cabinet du Roi. Inventaire 26253.

Bibl. Guiffrey et Marcel, V, n° 3700 — Béguin, 1964, p. 97, n. 75, repr. p. 95 — Monnier, 1965, n° 157, pl. XXXVIII, sous n° 159 — Béguin, 1975, pp. 166-169, n. 10 p. 171, fig. 106 — Bergot, 1978, n° 214 p. 113, pl. LXXI.

Annoté au verso *Dubreuil* de la main de Desneux de la Noue. Le nom de ce collectionneur du début du XVIIe siècle, l'un des mieux pourvus en dessins de l'Ecole de Fontainebleau, suffit pour donner créance à son attribution. S. Béguin s'est demandé (1964, n. 79 p. 98) si cette feuille préparait un tableau pour la Chapelle de la Trinité à Fontainebleau ; et c'est en effet une *Trinité* (Leclair et Rosenberg, 1972, fig. 1), payée 500 livres à Jean Dubois (1604-1676) dont fait mention un compte de 1642 (Müntz et Molinier, 1865, p. 351) comme le note Herbet (1937, p. 79). Le thème n'est toutefois pas rare (il apparaît à la chapelle de Saint-Germain-en-Laye ; Béguin, *op. cit.*), et rien n'atteste que l'iconographie du tableau de la Chapelle de la Trinité ait été fixée avant 1602, et le dessin demandé à Dubreuil. La date de cette feuille

suscite d'ailleurs quelques interrogations ; et c'est de la facture serrée enchâssant des formes lourdement équarries dans une résille graphique dense telle qu'on la rencontre dans une étude à la plume de 1588 (Louvre, Inventaire 26272) qu'on aimerait rapprocher le verso.

7 Femme coupant des herbes

Lavis brun, sur esquisse à la pierre noire, avec rehauts de blanc et reprises à la plume et encre brune. H. 0,220 ; L. 0,416. Annoté deux fois au verso : *Dubreuil* et numéro : *20*.

Hist. Desneux de la Noue ; au verso annotations *Dubreuil f*, paraphe et numéro (L. 661) — E. Jabach (L. 2959) — Entré en 1671 dans le Cabinet du Roi. Inventaire 26268.

Bibl. Dimier, 1905, n° 46, p. 22 ; 1909, pp. 39-46 — Guiffrey et Marcel, V, n° 3682 — Lavallée, 1930, pp. 117-118, n° 90, pl. LXIX ; 1948, p. 26, pl. XI — Dorival, 1949-50, n° 42 ; 1951, n° 164 — Weigert, 1955, n° 431, p. 101 — Béguin, 1960, p. 120 ; 1964, p. 103, repr. p. 102 — Monnier, 1965, n° 161, pp. 69-70, pl. XXXIX et sous le n° 159-160 ; 1965-66, sous n° 121 — Monnier, 1968, n° 9 — Béguin, 1972, sous n° 106, p. 101 — Viatte, 1972-73, n° 152, p. 215, repr., pl. XVIII.

On sait, depuis Dimier (1905), que ce dessin prépare une peinture (perdue) appartenant au décor réalisé vers 1600 par Dubreuil et ses

7

collaborateurs pour le Château de Saint-Germain-en-Laye. N. Bailly en donne une description sommaire parmi les tableaux de la « galerie du Château Neuf », en 1709-10, dans son *Inventaire des Tableaux du Roy* (Engerand, 1899, p. 289, n° 18) sans précision de sujet. On a identifié celui-ci comme une *Cérès* (Béguin, 1960, p. 120) avant que N. Reynaud ne propose d'y reconnaître *Médée cueillant des herbes magiques pour rajeunir Aeson* (Béguin, 1964, p. 104 n. 118). Ni ce thème en lui-même, ni sa juxtaposition avec les autres compositions conservées (Louvre, Fontainebleau) ou connues par des dessins (Amsterdam, Rijksmuseum,

Inventaire 1966-44 ; Besançon, D. 1532 ; Paris, Louvre, Inventaires 26258 à 26261, 26263 à 26267 ; Ecole des Beaux-Arts, Masson 909) ne donnent la clef du programme iconographique qui devait régir le décor. Ce dessin, sans s'éloigner de la mise en page adoptée par L. Thiry pour traiter le même sujet (gravé par R. Boyvin *in* Gohory, 1563, 18e pl.), apporte une opulence nerveuse dans le traitement de la figure, que dut méditer S. Vouet (Béguin, 1964, p. 103), et une liberté dans le rendu large du paysage, auquel N. Poussin doit peut-être (Monnier, 1965, p. 70).

8

Pierre Biard

Paris 1559 - Paris 1609

8 *Jeune femme en buste, tenant un chat*

> Pastel et pierre noire, sur papier bleuâtre. H. 0,478 ; L. 0,335. Annoté à la plume et encre brune, en bas vers le centre : *Pierre biart françois*.

Hist. Général comte Andréossy ; vente, Paris, 13-16 avril 1864, n° 472 — Ph. de Chennevières ; vente, Paris, 4-7 avril 1900, n° 24 ; acquis à cette vente. Inventaire RF 2360.

Bibl. Chennevières, 1894-1897, III, octobre 1894, p. 269, et XX, août 1897, p. 100 et repr. face p. 100 (pp. 56 et 257 de la numérotation continue, cf. Prat, 1979) — Guiffrey et Marcel, I, n° 276 — Bouchot-Saupique, 1930, n° 1 — Monnier, 1972, n° 1, repr. (en sens inverse) — Monnier, 1983, p. 15, repr.

Il subsiste aujourd'hui peu d'œuvres de Pierre Biard, sculpteur de la seconde école de Fontainebleau, la plus célèbre étant le jubé de Saint-

Etienne-du-Mont. On sait qu'il effectua le voyage d'Italie et en revint en 1590. C'est peut-être au cours de ce séjour ultramontain qu'il exécuta le portrait de cette jeune femme, décrit successivement par Chennevières comme « plutôt italien et vénitien » (*op. cit.*, p. 56), puis « portrait de la dame vénitienne » (*op. cit.*, p. 257). « Superbe dessin à grande manière qui fait aujourd'hui notre orgueil », ajoute le collectionneur. Le dessin se situe dans la tradition française des « crayons », portraits où l'intensité psychologique rejoint la finesse d'exécution. L'attribution à Biard est ici maintenue, sur la base de l'inscription ancienne et de l'assertion de Chennevières, bien qu'aucun dessin certain de l'artiste ne soit aujourd'hui connu.

Léonard Gaultier

Paris ? 1561 - Paris ? 1641

9 *Titre pour les œuvres de Ronsard*

Pierre noire, lavis blond-brun et gris. H. 0,379; L. 0,252. Au verso, à la plume et encre brune, paraphe non identifié et numéro : *Sept vingt huit.*

9

Hist. E. Jabach (L. 2959) — Entré dans le Cabinet du Roi en 1671. Inventaire 33604.

Bibl. Weigert, IV, p. 478.

En haut, Homère (à gauche) et Virgile (à droite) couronnant le buste esquissé de Ronsard (1524-1585). En bas, Vénus et Mars. Comme l'indique R.-A. Weigert, il s'agit d'une étude pour la page de titre, gravée dans le même sens par L. Gaultier, des *Œuvres de Pierre de Ronsard*, éditées à Paris par Nicolas Buon en 1609 (Bibliothèque Nationale, Impr. Rés. gr. Ye 208 ; Duportal, 1914, n° 157, p. 46 ; Baré, 1883-84, n° 539, p. 142). Réédité en 1617, la planche a été retouchée pour l'édition de 1623 (Duportal, 1914, n° 487 ; Canivet, 1957, pl. 4) et Gaultier en a fait une réduction pour l'édition in-12 de 1610. La gravure ajoute au dessin nombre de détails et en modifie d'autres. On notera que le buste, tourné de trois-quarts vers la droite, n'est en rien celui qui sera gravé en définitive à partir du portrait à l'antique en médaillon ouvrant l'édition des *Amours* de 1553 chez la veuve Delaporte (Gabillot, 1907, p. 491, repr. p. 490 ; Pognon, 1959, fig. 1 p. 109). L'estampe porte le nom du graveur, non, explicitement, de l'auteur du dessin : des différences, particulièrement

notables pour la Vénus, dans le rendu de la forme, imposent de présenter avec réserve l'attribution à Gaultier de l'étude préparatoire. Le style du dessin, un lavis franc sur une esquisse à la pierre noire, rappelle la manière de T. Dubreuil sans s'identifier totalement avec elle, et l'attitude mélancolique de Mars se retrouve, presque, dans les bordures ou dans la *Diane implorant Jupiter* (Louvre, Inventaire 26250 ; Niclausse, 1971, fig. pp. 142-148) de la Tenture de Diane dessinée par cet artiste, au plus tôt en 1597. Il est singulier de constater que peu de temps avant que le dessin ne fût gravé, on s'avisa d'honorer le poète d'un monument funéraire au prieuré de Saint-Cosme (1607, détruit, connu par un dessin de Gaignières, Oxford ; calque à la Bibliothèque Nationale, repr. *in* Gabillot, 1907, p. 495), qui présente, de la même façon, un cadre architectural enfermant le texte, surmonté d'un buste (perdu, moulage au Musée de Tours ; Pognon, 1959, fig. 6, p. 112) engagé dans un fronton brisé.

10

Martin Fréminet

Paris 1567 - Paris 1619

10   Projet pour un autel

Plume et encre brune, lavis brun, aquarelle, avec rehauts de blanc, sur esquisse à la pierre noire et au stylet. H. 0,468; L. 0,340. Partie supérieure cintrée. Annoté dans un cartouche : ANGELUS DOMINI NON - CIAVIT MARIAE ET CONCEPIT DE SPIRITU. Annoté au verso, de la main de Chennevières, à la plume : *814 Toussaint Dubreuil.*

Hist.   D. Kaieman — Ch. Gasc — Ph. de Chennevières (L. 2072) ; vente, Paris, 4-7 avril 1900, n° 132 — Acquis à cette vente. Inventaire RF 2361 bis.

Bibl.   Chennevières, 1880, n° 147 (Dubreuil) ; 1894, p. 265 (Dubreuil) — Béguin, 1963, pp. 30-34, pl. 18 ; 1964, n° 78 p. 98 — Monnier, 1965, n° 163 p. 70, pl. XL — Béguin, 1965, sous n° 145 ; 1967-2, sous n° 230 ; 1970, p. 86, pl. XXXIII — Thuillier, 1972, n° 122, repr. — Ward-Neilson, 1974, p. 169 — Bacou, 1978, n° 113 — Béguin, 1984, p. 499.

Attribué à Dubreuil par Ph. de Chennevières, rendu à Fréminet et identifié comme projet pour le maître-autel de la Chapelle de la Trinité à Fontainebleau par S. Béguin. Revenu d'Italie après la mort de Dubreuil, Fréminet commence bientôt le décor à l'huile sur plâtre de la voûte de la chapelle (déjà en œuvre en 1606 ; lettre de Fréminet au président de Thou ; Montaiglon, 1862, II, p. 362). L'*Annonciation* entre les Sybilles en haut du dessin reproduit fidèlement une lunette de ce décor déjà peinte en 1608 (Journal d'Héroard, 20 août 1608 ; Béguin, 1963, n. 8 p. 33), et que l'autel élevé en définitive dix ans après la mort de Fréminet (devis de 1628 ; Coural, 1973, n. 4, p. 91 ; achevé en 1633) par F. Bordoni (1580-1654) masque totalement. En rapprochant cette *Annonciation* de celle gravée d'après Fréminet à Rome en 1591 par Ph. Thomassin (Bruwaert, 1915, n° 140 ; Thuillier, 1975-2, fig. 3), on mesure bien l'évolution de l'italianisme de Fréminet qui, procédant à rebours, va du maniérisme compassé d'Arpino à la manière houleuse des Zuccari. La *Résurrection* du tableau central n'apparaît plus dans la réalisation finale (une *Déploration du Christ mort avec la Trinité* de Dubois) mais on doit la comparer, pour en souligner la vivacité, à deux dessins de même sujet attribués à Fréminet (Paris, Ecole nationale supérieure des Beaux-Arts, Adhémar, 1954, pl. 95 ; Louvre, Inventaire 26292, Béguin, 1963, n. 5, p. 33, repr. *in* Wildenstein, 1960, p. 336, ce dernier sans doute pour une peinture

murale si l'on en juge par le cadrage). On notera que l'articulation savante du retable à la voûte par un cartouche relatif à l'*Annonciation* enclavé dans le fronton de l'autel n'a plus de raison d'être dans un second projet de Fréminet (Darmstadt, Hessisches Landesmuseum, Inventaire 1743 ; Béguin, 1967-2, n° 230, repr.) où, suivant une conception plus architecturale, la peinture murale disparaît au profit du grand « frontispice » placé davantge vers la nef. Marquant une nette évolution vers le parti définitif, le dessin de Darmstadt doit être postérieur à celui du Louvre que les chiffres de Marie de Médicis et Louis XIII datent de la Régence et sans doute d'avant le mariage du roi (1616 ; Béguin, 1963, p. 31).

Louis Beaubrun

Mort en 1627

11   Entrée de Louis XIII

Plume et encre brune, lavis brun sur esquisse à la pierre noire, repassé au stylet. H. 0,326; L. 0,327. Signé en bas à droite à la plume et encre brune : *L. Bobrun f.* Annoté à la plume et encre brune, en bas, dans un cartouche : *Attulit et nobis aliquando optantibus aetas / auxilium adventumque deum.*

Hist.   E. Rodrigues ; marque (L. 897) ; vente, Paris 28-29 novembre 1928, n° 7 — Acquis à cette vente. Inventaire RF 11984.

11

Bibl. Wilhelm, 1956, p. 25 ; 1963, pp. 119, 123, fig. 12 ; 1969, p. 20, fig. 5 — Gallet, 1975, n° 18, repr.

Composition du tableau placé le 16 mai 1616 sur la Porte Saint-Jacques par laquelle Louis XIII, son épouse l'infante Anne d'Autriche et la Régente devaient rentrer dans Paris au retour de Bordeaux, où avait eu lieu le mariage royal. Les membres du Corps de Ville sous la prévôté de R. Miron (ici, à gauche) qui viennent à la rencontre du quadrige conduit par le Temps sont, dans l'ordre : J. Huot, secrétaire du roi ; Pasquier, auditeur des comptes ; J. Le Bret, conseiller du Châtelet ; F. Frezon ; P. Pérot, procureur ; G. Clément, premier greffier ; Cl. Letourneau, receveur. Le dessin, repassé au stylet, a dû servir pour la gravure en contre-partie signée *L. Bobrun pinx et sculp.* (Robert-Dumesnil, 1842, VI, n° 2 p. 148 ; Wildenstein, 1960, fig. 3). Deux autres dessins pour des œuvres comparables sont connus : *Le Bureau de la Ville sous la prévôté de Robert Miron en 1616* (Wilhem, 1963, fig. 11 p. 121 ; 1969, p. 20) et *Le Corps de Ville en 1620 aux pieds de Louis XIII* (Paris, Bibliothèque de l'Institut ; Brière et Dumolin, 1937, pl. 6 ; gravé, Wildenstein, 1960-2, fig. 4). Les peintures d'après ces deux dessins et celle de l'entrée de 1616 auraient été employées, selon J. Wilhelm, au décor intérieur de l'Hôtel de Ville, où Félibien (1705, III, p. 255), note parmi les portraits «plusieurs qui sont de la main de Louis Bobrun».

Jean Boucher

Bourges 1568 - Bourges 1632-38

12 *Homme nu couché*

Sanguine. H. 0,226 ; L. 0,328. Signé et daté à la plume et encre brune, en haut à droite : *boucher me fecit Romae / 1600*.

Hist. A. Houssaye (?) — Ph. de Chennevières (?) — P. Prouté ; catalogue «Gauguin», Paris, 1972, n° 6, repr. — Acquis en 1972. Inventaire RF 35515.

Bibl. Thuillier, 1980, p. 29, n. 18 ; p. 30, n. 23 — Cuzin, 1983-84, n° 27, ill. 233.

Copie attentive, non d'un antique comme il en existe, signées et datées identiquement, au Musée Cujas à Bourges (Richter, 1966, p. 164, repr.) et à l'Ecole des Beaux-Arts à Paris (Thuillier, 1980, n. 18 p. 29), mais d'un détail d'une fresque romaine de Raphaël, l'*Assemblée des Dieux* de la Farnésine (Cuzin). On sait que ce décor était à la fois aisément visible et très remarqué. Sa mention dans *Les Images...* de Blaise de Vigenere (1578, p. 121) d'une ving-taine d'années antérieure, l'atteste. Le traite-ment dense de cette copie, quelque peu com-passé à force de fines hachures, sans bravoure de métier, est aussi celui des études de nu «dal vivo» de Boucher dont on conserve, grâce à la collection Baderou au Musée de Rouen et au fonds du Musée Cujas, un bon nombre (Thuil-

12

lier, *op. cit.*, fig. 2-4). Entre la vérité incontournable de ses académies d'atelier et l'objectivité, pour ainsi dire pétrifiée, de ses copies d'après les Maîtres, s'engage un dialogue, isolé encore en 1600, mais bientôt réitéré à l'envi par les dessinateurs du Grand Siècle, constitutif, marginalement, du classicisme à venir.

13 Autoportrait

Pierre noire, sanguines rouge et brune. H. 0,142 ; L. 0,109. Annoté et signé à la plume et encre brune, en bas : *Je seray toute ma vie le tres affectionne Serviteur / de Messieurs Le Roy et Bloemart. J. Boucher.* Annoté au verso, à la mine de plomb : *Paurbus / hoog 5 1/2 / brut (?) 4 1/2*, et numéroté à la plume et encre noire : *N. 4045.*

Hist. Vente de M. X..., Paris, Hôtel Drouot, 19 mars 1930, n° 16, repr. — Acquis en 1934. Inventaire RF 24247.

Bibl. Dimier, 1930, p. 17 (Boucler) — Rosenberg, 1981-82, p. 7, repr.

13

Le dessin, publié par P. Rosenberg, a été étudié durant son cours au Collège de France en 1979 par J. Thuillier que nous remercions de nous avoir guidés dans son étude. P. Rosenberg doute qu'il s'agisse d'un autoportrait. La comparaison avec l'autoportrait de J. Boucher dans le volet gauche du triptyque de l'église Saint-Bonnet de Bourges (1630 ; Bourges, Musée Cujas ; Chennevières, 1850, p. 107) et l'annotation à la première personne, signée de l'artiste, laissent peu de place à l'incertitude. L'âge du modèle est d'appréciation trop subjective pour qu'il suffise à dater l'œuvre : le peintre, assurément plus jeune que dans son autoportrait de Bourges, peut avoir entre 30 et 40 ans, ce qui nous situe dans la première décennie du XVIIᵉ siècle. Plusieurs possibilités s'offrent pour éclairer l'identité des «Messieurs Le Roy et Bloemart» auxquels le peintre témoigne son dévouement. Si l'on suppose que ce sont là des noms d'artistes, s'agit-il, d'une part, du graveur d'ornement Henri Le Roy (1579, documenté jusqu'en 1651) ou de Robert Le Roy, graveur, mentionné par Michel de Marolles dans son *Livre des peintres...* (Duplessis, 1855, p. 33), et, d'autre part, du peintre Abraham Bloemaert (à Paris entre 1580 et 1583 selon Van Mander) ou de son fils Cornélis (à Paris en 1630) ? J. Thuillier (communication écrite) identifie bien Blomaert avec le premier des deux peintres et propose de reconnaître dans Le Roy, le frère ou le père de sa seconde épouse, Gertrude de Roy. Il est probable — l'annotation du verso en

témoigne sans doute — que le dessin a autrefois appartenu à une collection des Pays-Bas, mais quant à faire remonter sa provenance néerlandaise au *Bloemart* cité sous la plume de J. Boucher il y a un pas dangereux à franchir.

François II Pourbus
Anvers 1569 - Paris 1622

14 Hommage à Louis XIII

Plume et encre brune, lavis brun, pierre noire, avec rehauts de blanc. H. 0,220 ; L. 0,193.

Hist. P.-J. Mariette (L. 1852) ; montage avec cartouche : *Franciscus Pourbus / Praefectus et Aedites Ludovicum XIII de Nuptiis gratulantur / Praecogitatio Tabulae in Basilica Paris, depictae anno 1618;* vente, Paris, 1775, n° 1319 — Acquis pour le Cabinet du Roi. Inventaire 20170.

Bibl. Calvet, 1967, n° 191 (avec bibl.) — Bacou et Calvet, 1968, n° 48, repr. — Thuillier, 1974-2, pp. 106-107, fig. 1 — Gallet, 1975, n° 20, repr.

Dessin achevé pour un tableau de l'Hôtel de Ville de Paris, *Louis XIII enfant entouré de hauts dignitaires recevant l'hommage du Corps de Ville,* mentionné par Sauval (1724), décrit par Dézallier d'Argenville (1762), par son fils (1752) et par J.-B. Descamps (1753-63) et qui figure dans une gravure de Cochin d'après Largillière comme l'ont montré les études de G. Brière, M. Dumolin et P. Jarry (1937, p. 14) et de J. Wilhelm (1963, pp. 114-123). Du tableau, un des « meilleurs ouvrages » de Pourbus dit Mariette (*Abecedario,* IV, p. 199), sans doute lacéré le 10 août 1792, déposé à l'Hôtel de Nesle puis vendu, il subsiste quatre fragments : à Leningrad (Ermitage), à Varsovie (Musée National) et dans une collection privée de Bruxelles (Wilhelm, 1963, fig. 3-6, pp. 116-117). Ces peintures montrent des variantes par rapport au dessin. Brière, Dumolin et Jarry (1937) d'une part, I. Novoselskaia (1958) d'autre part ne s'accordent pas sur l'identification des personnages. J. Wilhelm (1963) suivi par Gallet, reprenant la discussion, reconnaît au rang des dignitaires, dans le groupe de gauche A. de Loménie, le duc de Luynes, le chancelier Brullart de Sillery (cf. n° 16), dans celui de droite Guillaume Du Vair, Nicolas de Verdun (?), le duc de Chevreuse. Parmi les magistrats municipaux, à droite du roi, le prévôt des marchands Antoine Du Bouchet. Si l'identification du Garde des Sceaux Du Vair est exacte, le dessin n'est pas antérieur au 16 mai 1616. Mariette, à l'avis duquel se rangent Lugt (1949, p. 7, n° 990) et M. Gallet, suppose que l'hommage ici rendu au roi le fut à l'occasion de son mariage (cf. n° 11).

14

15

Georges Lallemand

Nancy v. 1575 - Paris 1636

15 Sainte Famille

Plume et encre brune, lavis brun sur traits de pierre noire. H. 0,290 ; L. 0,212, format ovale.

Hist.   Probablement Saint-Morys — Saisie des Emigrés. Inventaire 21768.

Cette composition, précédemment classée parmi les dessins anonymes flamands, a été gravée en sens inverse par Ludolph Büsinck, en chiaroscuro, avec pour lettre ; *G. Lalleman Inven. L. Büsinck scul. 1623* (Hollstein, V, p. 178). Le rôle de Lallemand fut considérable à Paris, au moins jusqu'au retour de S. Vouet en 1627, et son atelier particulièrement fréquenté. L'étude de son œuvre reste à faire ; la publication de ce dessin daté devrait la faciliter.

Daniel Dumonstier

Paris 1574 - Paris 1646

16 Portrait présumé de Nicolas Brulart de Sillery

Pierre noire, sanguine, craies de couleur. H. 0,386 ; L. 0,285. Annoté en haut à droite à la sanguine : *Ce samedy 26 de novembre 1605*. Numéro en bas à gauche à la plume et encre brune : *25*.

Hist.   P. Crozat (?) ; vente Paris, 1741, partie du n° 61 — P. J. Mariette (L. 1852) ; vente, Paris, 1775, partie du n° 1228 — Dazincourt — Marquis de Lagoy (L. 1710) ; inventaire manuscrit, n° 277 — S. Woodburn — W. Mayor — Acquis en 1856. Inventaire 26366.

Bibl.   Reiset, 1869, n° 77 — Chennevières, 1882, III, I, n° 73, pl. 73 — Bouchot, 1884, p. 328, n° 717 — Pinset et d'Auriac, 1884, p. 52, repr. — Guiffrey et Marcel, V, n° 3820 — Dimier, 1924, I, p. 193 ; II, n° 1193 — Moreau-Nélaton, 1924, II, p. 67 ; III, n° 124, p. 119 — Lavallée, 1930, pp. 167-168, n° 76, pl. 58 — Béguin, 1967, n° 226 — Monnier, 1968, n° 12, repr. — Adhémar, 1970, n. 1 p. 132.

Sur la foi d'une comparaison avec les portraits gravés par Michel Lasne (Weigert et Préaud, 1976, n° 261) et Léonard Gaultier (Weigert, IV, n° 148, p. 439), Reiset reconnaissait ici les traits de Nicolas Brulart, marquis de Sillery (v. 1545-1624), garde des Sceaux en 1604, chancelier de France de 1607 à 1616. L'identification, contestée, de Bouchot à Dimier et Moreau-

16

Nélaton, est admise dubitativement par S. Béguin qui souligne cependant qu'il ne s'agit pas ici du modèle qui apparaît sur un dessin de la Bibliothèque Nationale (Cabinet des Estampes, Na 24a rés., 30 ; Moreau-Nélaton, 1924, III, n° 598, p. 96), *fait par D. Dumonstier le 8 juin 1605* et annoté postérieurement : *Nicolas Brulard, marquis de Sillery, chevalier de France en 1607* (Guiffrey, 1905, fig. p. 331). Il faudrait reconsidérer l'identification des portraits présumés de Brulart, tels que celui-ci ou celui reproduit sous le nom de Lagneau par Blunt (1973-2, pl. 1 ; Buckinghamshire, Waddesdon Manor) en fonction de portraits sûrs comme celui, âgé, qui apparaît dans l'*Hommage à Louis XIII* de Pourbus (Ermitage ; Wilhelm, 1963, fig. 7 et 8) dont est exposé ici le dessin (n° 14). Dans le milieu de cour où Dumonstier était fort considéré, il est assuré que « la parfaite ressemblance qu'il donnoit à ses portraits » (Félibien, 1705, IV, p. 319) révélait mieux l'identité du modèle qu'une inscription ; et s'il réserve aux annotations de nous apprendre le jour et la date précise de son dessin, c'est que, sans doute, servi par une mémoire réputée (Félibien), ses portraits ne devaient nécessiter qu'une seule séance de pose, d'ailleurs fort libre au dire de Tallemant des Réaux (Moreau-Nélaton, 1924, I, p. 199). Comme le signale Dimier, tous les caractères des portraits de Dumonstier, et notamment cet aspect hiératique du modèle servi par les grandes proportions du dessin, cette facture régulière, sont ici réunis et ne feront que se relâcher à l'avenir.

Lagneau ou Lanneau

XVIIe siècle

17 Portrait d'une vieille femme souriant

Pierre noire et estompe, avec rehauts de sanguines. H. 0,323 ; L. 0,232.

Hist   Probablement Saint-Morys — Saisie des Emigrés. Inventaire 27452.

Bibl.   Reiset, 1869, II, pp. 48-49, n° 805 — Guiffrey et Marcel, VII, n° 5482 — Lavallée, 1930, pp. 110-111, n° 80 pl. LXII — Sterling, 1932, n° 654 — Jamot et Vergnet-Ruiz, 1935, n° 94 — Dupont, 1936-37, n° 17 pl. XI — Sterling, 1937, n° 462 — Debaisieux, 1953, n° 32 pl. I — Monnier, 1968, n° 14, repr. — Pontchateau, 1978, p. 44.

17

Sous le nom de Lagneau depuis Reiset. Marolles est l'unique source sur cet artiste : deux vers citent « Lanneau » dans son *Livre des peintres* (1672 ; Duplessis, 1855, p. 65) et un recueil de 65 portraits et études provenant de sa collection (Paris, Bibliothèque Nationale, Na 21b rés. ; repr. Adhémar, 1973, pp. 95-101) porte une mention : *Lagneau*. On date diversement son activité : soit de la fin du XVIe siècle (Bénézit, 1956, V, p. 357 ; Béguin, 1970, p. 93), soit de la première moitié du XVIIe siècle (une date *1625* au verso d'un dessin du Louvre, Inventaire RF 1111 ; Pariset, 1963, p. 131), voire de la seconde moitié du siècle (Thuillier, cité par Brugerolles, 1981, p. 262). On a tenté de l'identifier ou de l'apparenter à ses homonymes : David Lagneau, médecin du roi ; Jacques Lagniet, graveur à Paris vers 1660 (Pariset, 1963, p. 130) ; les Lagneau de Lyon, documentés de 1572 à 1657, dont un Claude Challau dit Lagneau, peintre vers 1650 (Schweinsberg, 1981, p. 191, n. 3) ou les Lagneau de Verneuil, suivis de 1582 à 1770, dont ce Nicolas, né en 1594 ; et pour clore la liste, un Jacobus Lagnulus, sculpteur en 1638 (Rousseau, 1983, pp. 105-107). Marolles le citant entre un Champenois et un Lorrain, Pariset suggère pour l'artiste une origine dans la France de l'Est. Tant d'études de têtes, caricaturales ou véristes, lui ont été attribuées sur la base de l'album Marolles qu'à l'intérieur de ce genre des différences de facture apparaissent évidentes. Guiffrey et Marcel (VII, p. 72) voient trois mains dans l'album de la collection Gatteaux (Louvre, RF 1110 à 1162) qu'ils cataloguent sous le nom de Lagneau ; à partir d'un parallèle établi par Pariset (1948, pl. 48 ; 1963, p. 141) entre le réalisme du cercle de G. de La Tour et celui de Lagneau, A. Blunt (1972, p. 524), sans remettre en cause l'attribution à Lagneau de l'album Marolles, scinde le reste de l'œuvre en deux groupes, l'un lorrain (auquel souscrit Nicolson, 1974, fig. 42-43), l'autre parisien dû à différents artistes. Novoselskaya (1981, p. 228) défend l'idée d'un atelier très actif autour de Lagneau et explique les discordances de manières par leurs destinations différentes : d'un côté, des portraits d'après nature comparables à ceux de D. Dumonstier, de l'autre, des figures grotesques dans la tradition de l'image populaire. N. Harris (1977, pp. 128-129), suivi par K. Oberhuber (1980, p. 37) constitue trois groupements stylistiques correspondant à la longue évolution d'un seul artiste : à l'origine, des dessins linéaires (tel celui de la collection Steiner ; Harris, 1977, n° 50), puis l'ensemble des feuilles les plus douces et détaillées, mais encore contraintes de facture et de mouvement dont six sont à la Bibliothèque Nationale (Adhémar, 1973, n°ˢ 766-771, p. 103) et qui est représenté au Louvre par l'*Homme au grand chapeau* (Inventaire RF 849 ; Lavallée, 1930, p. 78). La phase ultime apparaît, sombre, chargée mais libre et pittoresque, dans l'album Marolles. Dans cette perspective, le *Portrait de vieille femme souriant* s'inscrit dans le second groupe. Quelle finalité faut-il assigner à ce type d'étude multiplié à l'envi ? Répertoire physiognomonique à l'usage d'un peintre (Adhémar, 1973, p. 95 ; Schweinsberg, 1981, p. 191) ? Notations outrées des différents caractères appartenant au répertoire théâtral (Novoselskaia, 1981) ? Recherches du trait caricatural notant le vice ou le ridicule à l'instar des romans satiriques de Sorel (Pariset, 1963, p. 137) ? Observations des « curiosités » sociales ou des « malades » de l'hôpital des Petites-Maisons, une attraction pour les Parisiens sur laquelle on trouve aussi des relations littéraires vers 1635 (Adhémar, 1973, p. 91 ; Brugerolles, 1981, p. 262) ? Les cliniciens modernes notent la justesse d'observation du visage de la vieille femme (*Aesculape*, 1935 et novembre 1957). Sans attendre de la folie qu'elle serve, une fois de plus, à rationaliser l'inexpliqué, on rappellera avec Marolles que Lagneau « faisait tout de fantaisie ». Cette fantaisie a peut-être trouvé ses éclairages et sa matière irisée au contact des modèles du milieu anversois de 1590-1620 dont le vérisme artificiel, en même temps qu'il fécondait la Hollande (Lievens à Leyde ; Pariset, 1963, pp. 134-136) a pu toucher la Lorraine de La Tour (Foucart, 1978, p. 58) et le Paris de Lagneau.

Jacques de Bellange

Nancy v. 1575 - Nancy après 1616

18   Assemblée de saints martyrs

Plume et encre brune, lavis brun, sur esquisse à la pierre noire. H. 0,355 ; L. 0,245. Annoté en bas à gauche, à la plume et encre noire : *C. Procaccino ;* à la pierre noire : *W. ;* numéroté au verso : *13.* Incisé au stylet.

Hist.   Marque des « Trois boules » en partie coupée, en bas vers la gauche — Saint-Morys — Saisie des Emigrés. Inventaire 11537.

Bibl.   Pariset, 1962, p. 48, repr. ; 1963, p. 125 — Comer, 1980, pp. 242-243, n° 63, fig. 118.

Autour de saint Laurent et du gril, instrument de son supplice, sont réunis plusieurs martyrs

18

dont saints Etienne, Pierre Martyr, Denys l'Aréopagite, Sébastien... Une première version de ce sujet avait été identifiée par L. Burchard au Staedelsches Kunstinstitut de Francfort et attribuée à Bellange (Inventaire 4360 ; Pariset, 1950, p. 352, fig. 305). Classé parmi les Anonymes italiens, le dessin exposé a été reconnu par Ph. Pouncey en 1961. Ces deux compositions s'inspirent de la gravure de R. Sadeler, *Le Martyre de saint Laurent*, d'après une peinture de F. Zuccaro. Les traces de stylet permettent de supposer un transfert destiné à la gravure. La technique très picturale est éloignée de la facture du graveur. Pourtant la dispersion, à première vue assez hasardeuse, des taches de lavis nuancés noyant les traits qui cernent à peine les figures, se retrouve dans des dessins directement préparatoires à des gravures comme la *Sainte Famille avec saintes Anne et Madeleine* (Yale, University Art Gallery ; Eisler, 1963, p. 32) ou le *Repos de la Sainte Famille* (Chicago, The Art Institute ; Rosenberg, 1972, n° 4). Ce dessin porte une marque, trois ronds dessinés à la plume, qui pourrait être celle d'une collection des Médicis (Rosenberg, 1972, p. 142).

19 Projet de statue équestre

Plume et encre brune, lavis brun et gris, sur esquisse à la pierre noire. H. 0,305 ; L. 0,150. Annoté en bas à gauche, à la plume et encre noire : *Spranger*.

Hist Saint-Morys — Saisie des Emigrés. Inventaire 20478.

Bibl. Van Gelder, 1934, p. 29 — Bacou, 1978, n° 115 — Bergot, 1978, n° 231 — Comer, 1980, pp. 199-200, n° 28, fig. 74.

La main et la personnalité de Bellange ont été reconnues par F.-G. Pariset dans l'étonnante perspective de ce projet dont l'originalité s'accorde à la liberté d'exécution. Certaines de ses études de cavaliers (Nancy, Musée historique lorrain ; Pariset, 1962, p. 43, repr. ; Berlin, Rosenberg, 1971 et 1976, fig. 2, p. 64) sont en effet d'une facture proche. Ce dessin pourrait être en rapport avec le monument projeté en 1610 pour Nancy, par le duc de Lorraine, Henri II, à la mémoire de son père Charles III ; une maquette en est conservée (Marot, 1970, p. 105 ; Marot, 1973).

20 Réunion de femmes

Plume et encre noire. H. 0,110 ; L. 0,177. Annoté en bas, à gauche, à la plume et encre noire : *C. Bellange*. Incisé au stylet.

Hist. Paraphe non identifié (L. 2591), et n° *2638* — Saint-Morys — Saisie des Emigrés. Inventaire 23712.

Bibl. Guiffrey et Marcel, I, n° 216 — Lavallée, 1930, p. 122 — Vallery-Radot, 1953, pl. 6, p. 178 — Duclaux, 1968, n° 13 — Clifford, 1973, pp. 378-379 — Worthen et Reed, 1975-1976, p. 81 — Comer, 1980, pp. 228-230, n° 51, fig. 104.

Ce groupe de femmes apparaît avec de légères variantes, en sens inverse, au deuxième plan d'une eau-forte originale de Bellange, *La Résurrection de Lazare* (Robert-Dumesnil, V, n° 6). N. Walch (1971, n° 47) considère cette gravure comme la dernière exécutée par l'artiste. Ce graphisme aigu et vif, l'élégance raffinée de ces silhouettes, démontrent l'évolution de cette personnalité — l'une des plus remarquables de l'école lorraine au début du XVIIe siècle. Elève probablement de Claude Henriet qui fit connaître en Lorraine le style développé à Fontainebleau, Bellange fut le maître de Deruet et de Callot.

20

21

Claude Deruet

Nancy v. 1588 - Nancy 1660

*21 Saint Charles priant
pour des pestiférés*

Plume et encre brune, lavis brun, avec rehauts de
blanc, sur esquisse à la sanguine. H. 0,262 ; L. 0,232.

En bas, à gauche, à la plume et encre brune,
monogramme ?, ou initiale *D*.

Hist.   Saint-Morys — Saisie des Emigrés. Inventaire 11594.

Ce saint, vêtu en haut dignitaire de l'Eglise, la
corde de pénitent autour du cou, en tête d'un
groupe d'ecclésiastiques ou de membres d'une
confrérie signalés par la croix et la lanterne de
procession, intercède pour un groupe de

malades ou de mourants; la colombe du Saint-Esprit vient exaucer sa prière. Ces détails dans la représentation du sujet permettent de reconnaître ici saint Charles Borromée, canonisé en 1610 et devenu le recours le plus souvent imploré dans les épidémies de peste, supplantant saint Sébastien et saint Roch. Cette composition sur un sujet à l'iconographie encore nouvelle, était classée parmi les Anonymes italiens du xvie siècle. Ce dessin présente plutôt les caractères du style si personnel des artistes lorrains du début du xviie siècle: Lallemand ou, plus proches encore, Bellange et son élève Deruet. C. Comer et J. Thuillier ont accepté l'attribution de ce dessin à Claude Deruet dont l'œuvre, encore mal connu, est peu à peu différencié de celui de son maître. Ce *Saint Charles* apparaît dessiné par la même main que la *Conversion de guerriers ottomans* (sous le nom de Brebiette à Bruxelles), que J. Thuillier a attribué à Deruet et que P. Rosenberg a publié sous cette attribution (1971 et 1976, fig. 1, p. 87). L'initiale *D.* (ou le paraphe avec cette lettre) figurant ici, pourrait être une confirmation du nom proposé — si de nouveaux exemples en étaient retrouvés. L'inventaire après décès de Deruet cite plusieurs *Saint Charles Borromée* dont un, de grandes dimensions, dans des proportions voisines de celles du dessin exposé (Jacquot, 1894, p. 800). Des peintures de Deruet sur ce même thème figuraient dans les églises de Nancy.

22 Triomphe d'Anne d'Autriche

Plume et encre brune. H. 0,357; L. 0,445.

Hist. Paignon-Dijonval (Catalogue, 1810, n° 4117); Morel de Vindé — H. Gallice; vente, Paris, Galerie Charpentier, 25 mai 1934, n° 66 — G. Wildenstein; don en 1934. Inventaire RF 24231.

Bibl. Pariset, 1952, p. 167 — Dahlbäck, 1953, p. 78 — Vallery-Radot, 1953, pl. 15, p. 180 — Pariset, 1967, p. 14 — Monnier, 1968, n° 15 — Bjurström, 1976, n° 355.

Fragment d'une composition représentant le cortège triomphal d'Anne d'Autriche et dont ce dessin constitue la partie droite. Le centre et la partie gauche sont conservés à Drottningholm (Bjurström, 1976, n° 355, repr.); la reine y apparaît sous un arc de triomphe, s'éloignant du château de Saint-Germain-en-Laye; à gauche, le char symétrique de celui-ci, est occupé par les Muses. L'ensemble reproduit une des peintures commandées à Deruet par le cardinal de Richelieu que l'on voit ici à gauche. *Les Quatre éléments,* ce triomphe figurant la *Terre,* décoraient la chambre de la reine au château de Richelieu en Poitou; ces peintures sont aujourd'hui conservées à Orléans (Musée des Beaux-Arts; O'Neill, 1980, n°s 28 à 31). De conception et de facture très différentes du *Saint Charles Borromée,* ce dessin daté vers 1640, reflète encore l'activité Deruet à la cour de Nancy (voir Callot, n°s 41 et 43). Ce cortège, minutieusement décrit, évoque les fêtes des ducs de Lorraine, les défilés et les mascarades, prétextes de fastes précieux où se déployaient emblèmes et allégories.

22

23

italienne de l'artiste ne peut être attribué à Vouet ou daté de manière sûre (Dargent et Thuillier, 1965, V 19, 20, 21 ; Bean, 1965, pp. 50-52 ; Rosenberg, 1968, cat. n° 2, fig. 8 ; Brejon, 1980, p. 52, n° 3). Seul le *Saint Pierre guérissant les paralytiques* du Musée de Princeton, (Inventaire 53-103) nous paraît devoir retenir l'attention pour la connaissance de Vouet dessinateur à Rome. Le dessin du Louvre prouve en outre, qu'à côté de ses études détaillées réalisées à la pierre noire rehaussée de blanc, Vouet préparait ses œuvres par des études complètes, mises au carreau, et qu'il utilisait pour ces deux catégories de dessins, des matériaux et une écriture très différents. Toutefois, les dessins d'ensemble nous sont parvenus en très petit nombre.

Simon Vouet

Paris 1590 - Paris 1649

23 L'Assomption de la Vierge,

Sanguine et lavis gris. H. 0,266 ; L. 0,210. Mis au carreau à la sanguine. Inscription à la plume et encre brune en bas : *Mellan*.

Hist.   Saint-Morys — Saisie des Emigrés. Inventaire 14270.

Bibl.   Rosenberg, 1971 et 1976, p. 90, fig. 20 — Rosenberg, 1972, fig. 5.

Reconnu par P. Rosenberg (1971) comme une étude pour l'*Assomption de la Vierge* datée de 1629, conservée en l'église Saint-Nicolas-des-Champs à Paris (Crelly, fig. 44 et 45), ce dessin est sans doute un des plus « italianisants » de Vouet. L'emploi de la sanguine, rarissime dans l'œuvre parisien de l'artiste, et du lavis qui pose avec force les ombres sur des figures esquissées de quelques traits, montre que l'artiste avait adopté ces techniques communes à de nombreux centres italiens. Le dessin, préparatoire pour un tableau peint par l'artiste deux ans seulement après le départ d'Italie, indique très certainement comment le Français dessinait outre-monts. Précisons qu'à notre avis, aucun des quelques dessins proposés pour la période

24 Portrait d'une fillette

Pierre noire, avec rehauts de blanc. H. 0,270 ; L. 0,191.

Hist.   Saint-Morys — Saisie des Emigrés. Inventaire 30834.

Bibl.   Guiffrey et Marcel, IX, n° 9387 — Brejon de Lavergnée, 1982, p. 691, fig. 43.

Le dessin était conservé jusqu'à une date récente sous le nom de Le Sueur mais la découverte d'une série de portraits dessinés de Vouet, restés en main privée, a permis de rendre ce beau portrait de fillette au Premier peintre de Louis XIII. Les portraits, tous exécutés au pastel, sont datés des années 1632 à 1634 et correspondent au texte de Félibien dans les *Entretiens* (1725, p. 394) sur l'activité de pastelliste de Vouet. L'artiste avait en effet portraituré à la demande du roi, et devant celui-ci, les gentilshommes et officiers de la Cour. Vouet paraît avoir ajouté à cette suite l'image des siens car la série mentionnée conserve un portrait d'Angélique Vouet enfant, tout à fait comparable à ce dessin, sans qu'il s'agisse apparemment du même modèle — peut-être le dessin du Louvre représente-t-il une autre fille de Vouet ? Le modèle est « cadré » de près, saisi de manière directe, dans toute sa spontanéité. Toutefois l'artiste n'a pas utilisé de pastel dans le portrait du Louvre, jouant uniquement sur le noir et les rehauts de blanc. Il se montre particulièrement à l'aise devant son jeune modèle, saisissant la lumière et le mouvement qui animent les traits et la fine chevelure de la fillette. C'est là sans doute une des vraies dimensions de Vouet, profond observateur de la nature. Félibien écrit, pour appuyer une critique

24

émise sur la capacité d'invention de l'artiste: «J'ai même ouï dire à quelques-uns de ses plus sçavans Eleves, qu'il ne pouvoit ordonner un tableau sans voir le naturel.» (id., p. 402). N'est-ce pas, au contraire, l'une des plus grandes qualités de Vouet, qui a su par ce biais, renouveler le genre du portrait français dans les années 1615-1630?

25 Homme drapé, couché à terre sur un tronc d'arbre

Pierre noire, avec rehauts de blanc, sur papier beige. H. 0,239; L. 0,398. Inscription à la pierre noire en bas à droite: S. Voüet.

Hist.   Saint-Morys — Saisie des Emigrés. Inventaire 33314.

Bibl.   Fenaille, 1903, p. 309, repr. p. 318 — Lavallée, 1952, p. 112 — Bacou et Bean, 1960, n° 1.

Le dessin prépare une figure située en bas à gauche dans la composition d'*Elie enlevé sur un char de feu,* tapisserie qui appartient à la suite de l'Ancien Testament. Cette suite a été gravée par François Tortebat en 1665 (Crelly, 1962, fig. 95 à 100) avec une légende la localisant au palais du Louvre. Cette tenture a donc toujours été rapprochée du texte de Félibien (*Entretiens,* 1725, p. 395) sur les premiers travaux réalisés par Vouet à son retour en France: «Il commença à faire pour Sa Majesté des desseins de Tapisserie qu'il faisoit exécuter, tant à l'huile qu'à détrempe.» La suite se situe probablement au début des années 1630. Vouet définit sa figure d'une facture vigoureuse, avec de forts contrastes, préparant soigneusement par le

dessin une œuvre, sur laquelle, du carton à la tapisserie, il n'allait plus intervenir. Les tentures réalisées d'après des œuvres de Vouet ont constitué, par le développement grandiose de leurs compositions dans de vastes paysages ou de larges architectures, par un sens nouveau de la lumière et de la couleur, une étape importante dans l'évolution de la tapisserie parisienne au XVIIe siècle.

26 Etudes pour Dieu le Père

Pierre noire, avec rehauts de blanc, sur papier beige. H. 0,236; L. 0,408. Mis au carreau à la pierre noire. Inscription à la plume et encre brune en bas au centre: *Etudes de Le Sueur.*

Hist.   Marque non identifiée en bas à droite (L. 1492) — E. Calando (L. 837) — Acquis en 1970. Inventaire RF 34516.

Les trois études de cette feuille révèlent le soin avec lequel Vouet élabore une figure. C'est la figure plongeante, située en bas à droite sur la feuille, enveloppée du plus large drapé, qui sera reprise pour le personnage de Dieu le Père dans l'*Apothéose de saint Eustache et de sa famille* conservée aujourd'hui au Musée des Beaux-Arts de Nantes (Crelly, 1962, fig. 65). Le tableau, très probablement commandé par Claude Bullion, dut être peint avec le *Martyre de saint Eustache* (Paris, église Saint-Eustache; Crelly, 1962, fig. 66) entre 1634, date d'un marché concernant la construction et la décoration du maître-autel de l'église (Charageat, 1927, pp. 179-207) et 1638, date de la gravure de Michel Dorigny d'après l'œuvre de Vouet. L'inscription à la plume, portée en bas au centre du dessin, montre qu'à

25

26

un moment donné, ce type de figures drapées a entraîné des confusions avec Le Sueur ; notons à cet égard que ce Dieu le Père, vieillard ceint d'un drapé gonflant, est proche d'esprit de celui peint par Domenichino vers 1628-1630 dans le tableau d'*Adam et Eve chassés du Paradis* conservé à Chatsworth (Spear, 1982, fig. 344) ; une autre étude de Vouet pour cette même étude de Dieu le Père (Inventaire 30693) portait également une attribution à Le Sueur avant qu'elle ne soit correctement identifiée par M. Lavallée (1952, p. 123).

27 *Homme agenouillé*

Pierre noire, avec rehauts de blanc, sur papier beige. H. 0,351 ; L. 0,240. Mis au carreau à la pierre noire. Bord inférieur restauré.

Hist.   Cabinet du Roi. Inventaire 33312.

Bibl.   Bacou et Bean, 1960, n° 5 - Crelly, 1962, p. 182, sous le n° 74.

L'étude, mise au carreau, prépare directement un des fils de saint Eustache dans l'*Apothéose du saint et de sa famille* (Crelly, 1962, fig. 65 ; voir n° précédent). Elle est un exemple typique des dessins très poussés de Vouet, où l'artiste définit sa figure jusque dans les moindres détails, et c'est ce type de feuilles qui a probablement rencontré, dans l'œuvre de Vouet, le plus de succès auprès des collectionneurs. La puissance et l'ampleur des formes de la figure dessinée, la rondeur de la musculature, la largeur des mains aux doigts bien cernés sont autant de critères du

style de Vouet aux alentours de 1640. Pourtant l'artiste, dans le tableau de l'*Apothéose,* laisse apparaître le souvenir, encore bien présent, de l'art de Lanfranco, observé par le Français durant son séjour italien.

27

28 Etude pour un saint Jean-Baptiste

Pierre noire, avec rehauts de blanc, sur papier beige.
H. 0,413 ; L. 0,231.

Hist.   Saint-Morys — Saisie des Emigrés. Inventaire 33317.

Morel d'Arleux avait catalogué, à raison, le dessin comme «un saint Jean baptisan», et l'étude constitue l'unique représentation connue du saint dans l'œuvre de Vouet. L'artiste avait peint un *Saint Jean-Baptiste* dans les lambris de la chapelle de l'hôtel Séguier (Dezallier d'Argenville, 1752, p. 152) et un *Baptême de Jésus-Christ* figurait parmi les tableaux exécutés, selon les sources, par Le Brun et Mignard d'après les dessins de Vouet ; ces tableaux prenaient place, dans cette même chapelle Séguier, sous ceux du maître lui-même, mais rien ne subsiste de cet ensemble réalisé à partir de 1635-1636. Le dessin du Louvre pourrait dater de ces années-là.

28

29

29 Mercure

Pierre noire, avec rehauts de blanc, sur papier beige.
H. 0,218 ; L. 0,261.

Hist.   Comte de l'Espine et princesse de Cröy ; don en 1930. Inventaire RF 14720.

Bibl.   Lavallée, 1952, p. 126 — Vallery-Radot, 1955, p. 31, sous le n° 6.

Le dessin prépare la figure de Mercure dans la composition de *Mercure avec les trois Grâces* connue par la gravure de 1642 réalisée en contrepartie par Michel Dorigny d'après l'œuvre de Vouet (Crelly, 1962, fig. 187). Vouet est resté fidèle, dans le tableau aujourd'hui perdu, à son étude dessinée, ajoutant seulement un drapé sur le torse de Mercure. La destination de l'œuvre reste inconnue et son exécution se situe probablement aux alentours de 1640.

30 Femme à demi nue

Pierre noire, avec rehauts de blanc, sur papier beige.
H. 0,209 ; L. 0,253.

Hist.   Voir n° 29. Inventaire RF 14731.

Véritable démonstration de virtuosité que cette étude où Vouet, après les quelques hésitations visibles dans le repentir du profil et celui, plus léger, du bras gauche de la figure, déploie sa science de dessinateur : l'artiste a choisi de montrer sa figure de dos, le visage baissé et de profil. La jeune femme semble pivoter dans l'espace et prendre possession de celui-ci. L'artiste parvient au juste équilibre entre la

30

forme et la ligne ; le modelé tourne sous la lumière et la ligne, sinueuse, en trace les contours avec souplesse. La grâce du geste et la plénitude de la figure rappellent les études d'Annibal Carrache, et Vouet est resté fidèle à ce type de personnage féminin durant toute sa carrière parisienne. Le dessin n'a pu être mis en rapport avec une composition connue de l'artiste.

31 Etude d'une figure de l'Intellect

Pierre noire, avec rehauts de blanc, sur papier beige.
H. 0,396 ; L. 0,268.

Hist. P.-J. Mariette (L. 1852) ; montage avec cartouche : SIMON VOUET ; vente, Paris, 1775, partie du n° 1386 — Acquis pour le Cabinet du Roi. Inventaire 33309.

Bibl. Bacou et Bean, 1960, n° 6, repr. — Laclotte, 1960-1961, n° 17, repr. — Méjanès, 1967, n° 273 — Rosenberg, 1971 et 1976, p. 82, pl. IX.

La figure, rendue identifiable par la présence de la flamme sur sa tête, avait été rapprochée en 1960 du personnage de l'Intellect représenté aux côtés de la Prudence dans un des quatre panneaux, peut-être exécutés pour le Château Neuf de Saint-Germain, et montés aujourd'hui en dessus-de-portes dans le Salon de Mars à Versailles (Crelly, 1962, fig. 110). Les deux figures sont en fait différentes et se trouvent en sens inverse l'une de l'autre. La clef du dessin se trouve dans un marché publié par R.-A. Weigert (1951, pp. 101-105), passé par Vouet pour la décoration d'une petite galerie dans l'appartement d'Anne d'Autriche au Palais-Royal. Les

tableaux les plus importants que le peintre aura à y réaliser sont ainsi décrits : « ... Savoir dans les tableaux du milieu sera peint en chacun d'iceux un des sujets des trois puissances de l'âme représentée en la forme suivante : la Volonté par une jeune fille couronnée, (...) L'Intellect par un jeune homme vêtu de couleur d'or avec une flamme de feu sur la tête, avec des enfants qui lui présenteront deux tables, l'une écrite et l'autre sans écriture. Il sera monté dessus ou proche d'un aigle pour montrer que l'Intellect va toujours s'élevant aux choses les plus hautes et relevées. La Mémoire sera pareillement représentée par une femme qui paraîtra plus âgée, avec deux faces et le Temps proche d'elle. »

Le dessin du Louvre prépare très probablement la figure de l'Intellect projetée pour cette petite galerie. Sa représentation était similaire à celle du tableau de Versailles. Vouet traitait là un thème qui lui était familier. Le phénomène le plus intéressant consiste en la reprise, à vingt ans de distance, et cette fois en trois œuvres distinctes du thème des trois puissances de l'âme, déjà peint par l'artiste à Rome, en un seul tableau (Rome, Galerie Capitoline ; Crelly, 1962, fig. 21), gravé en 1625 par Claude Mellan avec

31

une dédicace à Marcello Sacchetti. Le marché concernant la Petite Galerie de la Reine date du 4 septembre 1645 et le dessin constitue un exemple éclatant du style de Vouet à la fin de sa vie. Ampleur et stabilité des formes inondées de lumière, contours appuyés définissant le corps de la figure sont le fruit des dernières années du peintre. L'étude de tête isolée est également significative : la pureté et la netteté des traits, le dessin des yeux sans pupilles paraissent indiquer une inspiration prise dans le domaine de la sculpture antique. L'artiste orienterait-il ses recherches vers un classicisme qui jusque-là ne l'avait guère touché?

François Perrier

Saint-Jean-de-Losne 1590 - Paris 1650

32   Femme assise de profil à gauche

F[os] 14 verso (rapporté dans l'album) et 15 recto d'un album relié de 182 feuillets numérotés de 1 à 182.

Pierre noire, avec rehauts de blanc, sur papier brun. H. 0,310; L. 0,216. A droite, *Feuille d'études avec quatre compositions mythologiques.* Plume, encre brune, lavis gris, sur quelques traits de sanguine. H. 0,394; L. 0,265.

Hist.   Colonel Krag; don en 1880. Inventaire RF 879 à RF 1060 (ici RF 892 et 893).

Bibl.   Vitzthum, 1965-1, pp. 211-216, fig. 3, 12, 15 et 17; 1965-2, pp. 20-24 — Thuillier, 1972, p. 310, notes 11 et 15, fig. 9 à 11 — Prat, 1983, pp. 53 à 56, fig. 12 et 13.

32

Souvent étudié, cet album à la structure compliquée, dit Album Perrier, n'a pas livré tous ses secrets : on sait déjà que la plupart des dessins qu'il contient, exécutés par une main proche de l'artiste, ne peuvent lui être attribués, pour des raisons de faiblesse stylistique, mais aussi de date (l'album contient une étude d'après le fronton du pavillon central du château de Vaux-le-Vicomte, exécuté par Thibaut Poissan huit ans après la mort de Perrier). Parmi ces dessins, certains reproduisent des œuvres contemporaines (peintures des Carrache, de Lanfranco, sculptures de l'Algarde) ou plus anciennes (Titien); il en est même qui sont les copies de peintures ou de dessins connus d'après Perrier. Dans ce dernier groupe, plusieurs dessins ont été récemment identifiés dans les premières pages de l'album, parmi les «compositions encadrées», c'est-à-dire délimitées par un trait d'encadrement, comme le f° 15 en présente quatre. D'autre part, plusieurs des dessins rapportés dans l'album sans en faire primitivement partie, sont incontestablement de la main du maître; études de compositions parfois exécutées à la plume, ce sont plus souvent des études de figures à la pierre noire et à la sanguine. Sans doute ne furent-ils pas disposés au hasard dans l'album, puisque la figure de femme assise exposée ici, œuvre de Perrier, se rattache sans aucun doute à la *Minerve méditant* en bas à droite du folio qui lui fait face et qui doit être le souvenir d'une composition perdue (peinte ou dessinée) du maître, recensée fidèlement avec d'autres par le mystérieux auteur de l'album, qui ne peut être Perrier mais ne saurait être un artiste «qui n'eût pas appartenu au cercle le plus intime de Perrier» (J. Thuillier), «un amanuensis du peintre, entraîné à s'exercer dans le style du maître, dont il était chargé de fixer les expériences visuelles» (W. Vitzthum). Au verso de l'étude de femme assise, on trouve une étude de femme debout, le visage de trois-quarts à gauche

(Prat, 1983, fig. 11), en rapport avec une « composition encadrée » du f° 13 (RF 891), *Jupiter, Junon et Io,* mais aussi avec une figure d'*Apollon, Minerve et les Muses sur le Parnasse,* l'une des quatre voussures du plafond du Cabinet des Muses de l'Hôtel Lambert.

33   Le char d'Apollon

Plume et encre brune, lavis brun et gris, sur papier bleu. Forme ovale. H. 0,213 ; L. 0,319.

Hist.   Probablement Saint-Morys — Saisie des Emigrés. Inventaire 13945.

Bibl.   Vitzthum, 1965-2, p. 24, fig. 2 — Rosenberg Henderson, 1974, p. 560, note 30.

Il est évidemment tentant de rapprocher cette étude, identifiée par W. Vitzthum parmi les Anonymes italiens du Louvre, de la partie droite du plafond central de la Galerie Dorée de l'hôtel La Vrillière, *Le Char d'Apollon* ou *Le Soleil,* bien que la disposition soit ici en sens inverse. Mais quelques faiblesses de style, déjà pressenties par Vitzthum qui reconnaissait que ce dessin était fort proche de ceux de l'« Album Perrier » (n° 32), autorisent à s'interroger sur l'autographie de cette feuille : pourrait-il s'agir d'un dessin d'atelier, sur lequel Perrier lui-même aurait rajouté, d'une encre plus brune, les figures volantes en haut et à gauche, qui sont exécutées de façon plus nerveuse et plus autoritaire que le reste de la composition ? La thèse de la très proche collaboration entre le maître et son élève inconnu s'en trouverait renforcée. Le dessin a

également été mis en rapport (Rosenberg Henderson, *op. cit.* avec n° d'inventaire erroné) avec le plafond du Cabinet des Muses de l'hôtel Lambert, dont la décoration devait en fait échouer à Le Sueur après la mort de Perrier. Il est certain, en tout cas, que reviennent à Perrier les voussures du plafond, avec lesquelles plusieurs des études ajoutées dans l'Album Perrier ne sont pas sans rapport.

34   Homme nu allongé

Sanguine, avec légers rehauts de blanc, sur papier beige. H. 0,215 ; L. 0,331. Annoté en bas à droite, à la pierre noire repassée à la plume : *Perrier.*

Hist.   Probablement Saint-Morys — Saisie des Emigrés. Inventaire 33320.

Bibl.   Méjanès, 1967, sous le n° 253 — Thuillier, 1972, p. 310, note 11, fig. 5 — Bacou, 1978, n° 116.

Si Perrier, dans ses études de composition, exécutées à la plume et au lavis avec de fréquents rehauts de gouache blanche, se montre sensible à l'art de Poussin, à tel point que W. Vitzthum a pu rapprocher de ses études certains croquis du maître, telle la célèbre feuille de Windsor pour *l'Empire de Flore,* il subit évidemment, dans ses études de figures isolées, à la sanguine ou à la pierre noire, l'influence des Carrache et de Vouet, tout en annonçant le style graphique du jeune Le Brun qui sera d'ailleurs son élève (Méjanès, 1967, n° 253). Ces études de figures sont peu nombreuses si l'on excepte celles rapportées dans l'Album Perrier du Louvre ;

33

34

quatre à la sanguine, l'une au Louvre, préparatoire pour le *Sacrifice d'Iphigénie* du Musée de Dijon (Thuillier, 1972-2, pp. 309-310, fig. 4), deux autres à l'Albertina, étude pour *Saint Roch guérissant les pestiférés,* tableau perdu mais connu par une gravure (Méjanès, *op. cit.,* n° 253) et étude d'un *Marc-Aurèle,* une quatrième représentant *Le Nil* (Musée d'Orléans) et liée comme le *Marc-Aurèle* aux séries des *Segmenta* (1638) et des *Icones et Segmenta* (1645) gravées par Perrier lui-même d'après des antiques ; trois autres à la pierre noire, *Le Temps coupant les ailes de l'Amour* (Francfort) en rapport avec un tableau perdu mais gravé ; une *Etude de prêtre* (Vente Christie's, Londres, 7-7-1981, n° 110, repr. comme attribuée à Simon Vouet) récemment identifiée par P. Rosenberg comme préparatoire pour une *Scène de sacrifice bachique* (Schleier, 1983, p. 235, abb. 3) ; enfin à

Stockholm, une *Vierge à l'Enfant* (Bjürström, 1976, n° 622). Le dessin exposé ici, qu'une inscription ancienne attribue à Perrier, présente les mêmes caractéristiques que les autres feuilles : large traitement des corps par hachures parallèles, allongement des doigts, souplesse dans l'enchaînement des volumes. L'influence de Lanfranco, auprès de qui Perrier travailla à Rome, rejoint ici celle de Vouet.

35 *Junon et Eole*

Plume et encre brune, lavis brun, avec rehauts de blanc, sur papier beige. H. 0,212 ; L. 0,397. Annoté à la plume et encre brune : *Polidore Caldara.* Au verso, à la pierre noire, quatre études de chevaux.

Hist. Probablement Saint-Morys — Saisie des Emigrés. Inventaire 3097.

Bibl. Vitzthum, 1965-1, p. 213, fig. 9.

35

Etude identifiée par W. Vitzthum parmi les Anonymes italiens du Louvre, pour *Junon et Eole* ou *l'Air,* l'un des sept compartiments du décor de la célèbre Galerie Dorée de l'hôtel La Vrillière à Paris, aujourd'hui Banque de France. La Galerie fut abattue au XIXᵉ siècle, puis restituée avec le décor de boiseries de Robert de Cotte et des copies des frères Balze, élèves d'Ingres, d'après le décor élaboré par Perrier en 1645, au retour de son second séjour romain. La composition est inversée par rapport à la peinture. Ce beau dessin plein de feu est un superbe témoignage du style graphique de Perrier, avec son utilisation violente de la plume et des très picturaux rehauts de gouache blanche. L'étude de chevaux au verso peut être rapprochée du compartiment central de la Galerie, *Le Char d'Apollon* ou *Le Soleil.*

36 Salomé recevant la tête de saint Jean-Baptiste

Plume et encre brune, lavis brun, avec rehauts de gouache blanche, sur papier bleu. H. 0,243 ; L. 0,162. Mis au carreau à la pierre noire. Annoté au verso à la plume et encre brune : *Poussin 24.*

Hist. Probablement Saint-Morys — Saisie des Emigrés. Inventaire 33996.

Bibl. Prat, 1983, p. 57, fig. 14.

36

Récemment identifiée parmi les Anonymes français, cette étude probable pour un tableau perdu doit être mise en rapport avec une autre version de la même composition, comportant d'importantes variantes, découverte par P. Rosenberg (1972, n° 108) au Victoria and Albert Museum de Londres (Inventaire D 801-1887).

37

Jacques Foucquières
Anvers v. 1590-1591 - Paris 1659

37 Ruisseau serpentant à travers un sous-bois

Aquarelle et gouache. H. 0,381 ; L. 0,378.

Hist. P.-J. Mariette (L. 1852) ; vente, Paris, 1775, n° 1238 — Acquis pour le Cabinet du Roi. Inventaire 19970.

Bibl. Reiset, 1866, n° 512 — Lugt, 1949, I, n° 662, repr. — Bacou et Bean, 1960, n° 11 — Méjanès, 1967, n° 176, repr. — Bacou et Calvet, 1968, n° 61, repr. — Rosenberg, 1971 et 1976, pl. XIX., p. 84.

Un des neuf dessins de J. Foucquières figurant dans la collection de Mariette, qui le considérait comme un des meilleurs paysagistes de son temps (*Abecedario,* II, p. 256). Après avoir travaillé avec Josse Momper, Jean Brueghel de Velours et Rubens, Foucquières s'installa en 1621 à Paris où il introduisit la conception flamande du paysage. Très éloigné des recherches de Poussin dans ce domaine, tous deux s'affronteront dans la décoration de la Grande Galerie du Louvre en 1641. Dans cette étude audacieuse et libre, Foucquières s'impose comme un grand paysagiste. De la fraîcheur ombreuse du sous-bois, l'œil se laisse conduire par plans successifs vers une trouée lumineuse. Coloriste dans la tradition flamande, le peintre utilise une harmonie de bruns et verts relevés de quelques touches de rouge. L'eau, le soleil, l'air circulant entre les frondaisons, relèvent d'une approche directe de la nature. De façon remarquable, ce dessin annonce les recherches de lumière et de couleurs des paysagistes du XIXᵉ.

Jacques Sarrazin

(attribué à)
Noyon 1592 - Paris 1660

38 Enfant nu assis

Pierre noire, avec rehauts de blanc, sur papier beige. H. 0,219 ; L. 0,158.

Hist.   Earl of Cholmondeley — J.-A. Josephus Jitta — Don en 1935, partie d'un album factice, tome II, fᵒ 50. Inventaire RF 28296.

Plusieurs dessins conservés dans les albums Cholmondeley paraissent revenir à un artiste, proche de Vouet, qui s'intéresse à la sculpture, et il est tentant d'associer le nom de Jacques Sarrazin à cet ensemble de dessins. En effet la carrière de Sarrazin est étroitement liée à celle de Vouet dans les années 1630-1645, car on trouve souvent le peintre et le sculpteur sur les mêmes chantiers : c'est le cas pour le château de Chilly, le château et le nymphée de Wideville, l'hôtel de Bullion (Guillet de Saint-Georges, I, pp. 118-123 ; Charageat, 1927, p. 179). Le dessin exposé évoque sans aucun doute une ronde-bosse. Pourtant, dessin de sculpture n'est pas toujours dessin de sculpteur : il faut donc ajouter que Sarrazin avait l'habitude de dessiner et qu'il pratiquait aussi la peinture (Thuillier, 1973, pp. 321-325). On connaît de nombreux dessins de lui, exécutés à la pierre noire ou à la sanguine d'une main nerveuse, et préparatoires pour des sculptures ou pour des peintures (New York, Metropolitan Museum, Cooper Hewitt ; Louvre ; Rennes, Musée des Beaux-Arts ; Rosenberg, 1972, pp. 209-210). Le sens du volume et de la lumière dans le dessin du Louvre, les

rondeurs du corps enfantin, l'ovale du visage, le traitement soigné des mèches et des yeux appellent la comparaison avec le groupe des Enfants à la chèvre de Sarrazin, conservé au Louvre (Digard, 1934, pl. XIX). L'inventaire après décès de l'artiste signale par ailleurs un Enfant assis sur un dauphin acheté par Le Brun (Digard, p. 287) : mention digne d'intérêt même si elle ne constitue pas à elle seule une preuve irréfutable.

Il est intéressant de comparer le dessin attribué à Sarrazin à l'étude de Trois putti chevauchant des chimères de Vouet, sur le même feuillet de l'album Cholmondeley. La touche est ici nerveuse, rapide, l'artiste donnant naissance en quelques traits sûrs à ces étranges créatures. Montés sur des chimères, ces putti préparent, comme l'avait noté M. Lavallée (1952, p. 114), trois des quatre médaillons plafonnants du décor de Vouet consacré à l'histoire de Renaud et Armide. Ce cycle, qui demeure pratiquement l'unique décor de Vouet et de son atelier conservé dans son ensemble et qui orne, depuis le début du siècle, les murs et le plafond d'une pièce d'un hôtel particulier parisien, n'est pas documenté dans les sources anciennes. Nous en ignorons le commanditaire, contrairement à ce qu'avançait L. Demonts (1913), qui, sur la base d'une assertion d'A. de Champeaux (1898), avait relié le cycle au mécénat de Claude Bullion, interprétant le chiffre peint sur les boiseries du

38

39

décor comme celui du surintendant des Finances; or, les lettres de ce monogramme (B. et sans doute M. et A.) sont difficilement applicables au nom de Bullion.

Jacques Callot

Nancy 1592 - Nancy 1635

39 Vue de l'Arno

Plume et encre brune, lavis brun, pierre noire. H. 0,184; L. 0,323.

Hist. Probablement Saint-Morys — Saisie des Emigrés. Inventaire 25116.

Bibl. Guiffrey et Marcel, II, n° 1763, repr. — Ternois, 1954, p. 151 — Thuillier, 1963, p. 234, n° 3 repr. — Ternois, 1961, n° 432, repr.; 1962, p. 156 — Duclaux, 1968, n° 18 repr. — Russel, 1975, pp. 273, 280.

Ce très beau paysage, appartenant à la fin de la période florentine de Callot (1618-20), représente une vue de l'Arno à Florence en amont du Ponte delle Grazie, avec le Moulin de San Niccolò au premier plan à gauche, détruit en 1870. Le site a été identifié grâce à un dessin de F. Zuccaro (Louvre, Inventaire 4625) que l'on peut dater de 1575-1579 (Heikamp, 1967, p. 56). Le dessin exposé, comme une autre étude de même technique conservée à Chatsworth (Ternois, 1961, n° 431 repr.), est une première pensée pour les *Baigneurs,* quatrième pièce des dix gravures à l'eau-forte de la suite des *Paysages italiens,* éditée par I. Henriet vers 1630-35. Il existe à Chatsworth un dessin d'exécution pour cette gravure, à la plume seule, probablement de la main de Callot (Ternois, 1961, p. 81, n° 433).

40 Louis XIII à cheval

Pierre noire, lavis brun et gris. H. 0,447; L. 0,382. Au verso, esquisse inversée, à la pierre noire; numérotée: n° 799.

Hist. Baron Van Isendoorn (L. 1407); vente, Amsterdam, 19 août 1879, n° 30 — Acquis en 1880, Collection Edmond de Rothschild. Inventaire DR 3475.

Les nombreux portraits gravés de Louis XIII ne permettent pas d'avoir de doute sur l'identité du personnage représenté dans ce portrait équestre inédit de Callot, repris dans la gravure du *Siège de l'île de Ré,* où le Roi est représenté plus âgé (Lieure, 1927, VII, p. 654). Le cheval s'inspire de la suite gravée de Tempesta, *Chevaux de différents Pays* (Ternois, 1961, n° 34), d'après laquelle Callot fit de nombreux croquis à la plume vers 1619-1621. L'étude exposée nous a permis d'identifier, comme étant Louis XIII, le personnage d'un dessin de Callot conservé au Musée de Darmstadt, première pensée inversée et moins élaborée que le dessin exposé, dont l'annotation: *Louis de Lavalette Duc d'Espernon,* n'a pu être confirmée (Ternois, 1961, n° 1357).

41 Claude Deruet et son fils Jean

Plume et encre brune, lavis brun, sur trait à la pierre noire. H. 0,272; L. 0,177. Annoté en bas à gauche à la plume et encre brune: n° 30.

Hist. F° 1 d'un Album factice ayant appartenu à P.-J. Mariette; vente, Paris, 1775, n° 1185 — Acquis pour le Cabinet du Roi. Inventaire 25059.

Bibl. *Abecedario,* I, p. 284 — Guiffrey et Marcel, II, n° 1771 — Lieure, 1929, p. 61, n° 3 — Vallery-Radot, 1953, n° 20, repr. — Ternois, 1961, n° 913 repr. — Ternois, 1962, pp. 113-114, 168 — Béguin, 1967, n° 220 repr. — Duclaux, 1968, n° 19, repr. — Russell, 1975, n° 27.

40

41

C'est à la seconde période lorraine qu'appartient cette étude pour une gravure à l'eau-forte dont le 3e état est daté: «A Nancy 1632». Claude Deruet, peintre de la cour de Lorraine, directeur des Beaux-Arts et des Fêtes, est représenté ici au sommet de sa gloire, ennobli en 1621, décoré du cordon de Saint-Michel par Louis XIII; le duc Charles IV vient de le nommer gentilhomme par lettre de gentillesse du 5 mars 1632. Pour commémorer cet événement, Callot choisit une technique particulière: le peintre et son fils Jean sont fièrement campés à traits de plume fermes et enlevés, sur une légère esquisse du panorama de Nancy et de sa propriété «La Romaine», où séjourneront Louis XIII et la reine en 1633. Les rapports des deux artistes ne furent pas toujours faciles, «Deruet souffrant difficilement le partage de la gloire et des honneurs» (Félibien).

Le 3e état de la gravure de Callot porte cependant la dédicace: «A Claude Deruet, Escuier chevalier de l'ordre du Portugal. Son fidèle Amy, Jacques Callot» (Lieure, n° 1296).

42   Château de la Neuve-Malgrange à Nancy

Lavis blond, sur esquisse à la pierre noire. H. 0,115; L. 0,252. Numéroté en haut à gauche à la pierre noire: *n° 30*. Au verso, paysage au bord d'un étang, à la pierre noire.

Hist.   F° 5 de l'Album factice Mariette (voir n° 41). Inventaire 25063.

Bibl.   Guiffrey et Marcel, II, n° 1775 — Ternois, 1961, p. 167, n° 1335, repr.; 1962, p. 156, fig. 47 a, — Choux, 1969, pp. 45-64 — Ternois, 1973, p. 212 — Russell, 1975, pp. 273-280.

Les ducs de Lorraine possédaient plusieurs châteaux près de Nancy; il s'agit ici de la Neuve-Malgrange, située au sud-ouest de la ville (Choux, 1969, p. 63). Le dessin exposé est une première pensée pour un dessin d'exécution de l'Album de Chatsworth (Ternois, 1961, n° 1337), recueil contenant 42 dessins à la plume ayant appartenu à Israël Silvestre. Selon Félibien (III, p. 380), ils seraient de la main de Callot et destinés à apprendre à dessiner à Gaston d'Orléans, réfugié en Lorraine de 1629 à 1631: «Lorsque feu Monsieur le Duc d'Orléans, se retira en Lorraine... il voulut que Callot lui montra à dessiner...Le Sieur Sylvestre a quarante-deux dessins à la plume, de ceux que Callot faisoit alors pour le Duc d'Orléans.» Cette suite fut gravée après la mort de Callot, probablement par I. Henriet, dans le *Livre des Paysages* et édité ensuite par Langlois et Mariette (Ternois, 1961, pp. 161-162; 1962, p. 156).

42

43

43 Combat à la Barrière

Le char de MM. de Couvonge et de Chalabre

Pierre noire, plume et encre brune, lavis brun et gris.
H. 0,090 ; L. 0,258. En bas, droite, à la plume et encre
brune : *14*.

Hist.   F° 10 de l'Album factice Mariette (voir n° 41).
        Inventaire 25068.

Bibl.   Guiffrey et Marcel, II, n° 1780 — Lieure, 1929, p. 97,
        n° 168 — Pariset, 1956, p. 168 — Bacou et Bean,
        1959, n° 8 — Ternois, 1961, n° 868, repr. ; Ternois,
        1962, pp. 187-188 — Béguin, 1967, n° 219 — Russell,
        1975, pp. 78-79

C'est en l'honneur de la duchesse de Chevreuse,
réfugiée en Lorraine à la suite de ses intrigues
contre Richelieu, que le duc Charles IV donna à
Nancy, le 14 février 1627, le célèbre Combat à la
Barrière chanté par le poète Henry Humbert,
*faict en cour de Lorraine le 14 février en l'année
présente 1627. Enrichi des figures du sieur Jacques
Callot* (Nancy, 1627). Le duc de Lorraine confia
l'organisation de cette fête à Callot et à Deruet,
« lequel prétendait que ce fut d'après ses dessins

que Callot gravât ses planches... mais enfin il
fallut que de Ruet cédât à Callot qui demeura
maître de ses dessins et de toute la gravure et de
toutes sortes d'ouvrages qu'il fit pour le duc de
Lorraine » (Félibien, III, p. 377). Le dessin
exposé est une étude pour une première version
de la quatrième pièce d'une suite de dix
gravures à l'eau-forte, illustrant le texte d'Henry
Humbert (Lieure, n° 585). Elle n'accompagne
pas le texte du poète, mais fait partie d'une autre
suite gravée (Lieure, n° 579 ; Ternois, 1961,
pp. 187-188).

44 Louis XIII et Richelieu au siège de l'île de Ré

Pierre noire, lavis brun. H. 0,340 ; L. 0,528. Annoté à
plume et encre brune : *J. Callot*. Au verso, de la main
de l'artiste : *Isle de Ré* et diverses annotations.

Hist.   P.-F. Marcou (L. 1911b) ; V. Trouvelot (L. 1918c) —
        Don de la Société des Amis du Louvre en 1979.
        Inventaire RF 37299.

44

45

Bibl. Legrand, 1950, pp. 5-6, repr. — Ternois, 1958, pp.
25-28-29, repr.; 1961, n° 897 repr.; 1962, p. 193 —
Russell, 1975, p. 189, n° 188 — Marot, 1975, pp.
158-162 — Bacou, 1980, pp. 254-256, fig. 1 repr. —
Méjanès, 1983, n° 58 repr.

Cette étude au lavis, l'une des plus fortes et des plus libres de Callot, est une première pensée pour une des six planches (1ʳᵉ en bas à gauche) gravées à l'eau-forte, donnant à vol d'oiseau la vue du siège de l'île de Ré; ces planches étaient accompagnées de bordures, œuvres de Lasne et A. Bosse. «Callot vint en France en 1628, où par ordre du Roi, il alla dessiner le siège de La Rochelle et celui de l'Isle de Ré qu'il vint graver à Paris...» (Félibien, III, p. 378). Il s'agissait de commémorer la victoire d'une garnison française, ayant résisté deux ans dans la citadelle Saint-Martin-de-Ré à l'assaut des troupes anglaises envoyées par Buckingham pour venir en aide aux protestants retranchés dans le port de La Rochelle, où Louis XIII fit son entrée solennelle le 28 octobre 1628. Un autre dessin plus proche de la gravure, est conservé à Weimar (Louis XIII et Richelieu y figurent à cheval); Mariette parle d'une troisième étude où Richelieu serait représenté entre le roi et Gaston d'Orléans. Le cuivre, conservé à la Chalcographie, porte en effet la trace effacée de l'effigie du cardinal.

Claude Vignon

Tours 1593 - Paris 1670

45 L'adoration des Rois Mages

Plume et encre brune. H. 0,242; L. 0,199. Annoté sur le montage, à la plume et encre brune: *Wandeek*.

Hist. Probablement Saint-Morys — Saisie des Emigrés. Inventaire 22196.

Bibl. Fischer, 1962, pp. 25-26 — Rosenberg, 1966-2, pp. 289-293 — Rosenberg, 1971 et 1976, p. 87 — Brejon de Lavergnée et Cuzin, 1973-1974, pp. 194-195.

Ce dessin est préparatoire à une gravure de Vignon, en sens inverse, datée de 1619, reproduisant une peinture précédemment attribuée à Domenico Feti (Dayton, Art Institute; Rosenberg, 1982, p. 375, fig. 5). A cette date, Vignon séjourna à Rome parmi le groupe des «Caravagesques français», dont Vouet et Valentin étaient les personnalités majeures. Les recherches d'effets lumineux et de clair-obscur qui caractérisent l'œuvre de ces jeunes artistes, apparaissent aussi dans ce dessin.

46 David vainqueur de Goliath

Sanguine. H. 0,218; L. 0,183.

Hist. E. Jabach (L. 2959) — Entré en 1671 dans le Cabinet du Roi. Inventaire 33275.

Bibl. Lavallée, 1930, p. 35 — Vallery-Radot, 1953, p. 187, pl. 39 — Rosenberg, 1966, p. 291, pl. 271 — Brejon de Lavergnée et Cuzin, 1973-1974, p. 198.

46

Les scènes de décollation — David, Hériodade ou Salomé et saint Jean-Baptiste — sont fréquentes dans l'œuvre de Vignon. La facture très libre de ce dessin, comparable à une *Hérodiade* (Louvre, Inventaire 33274) l'a fait dater « d'une époque très postérieure » au séjour romain achevé en 1623 (Brejon de Lavergnée et Cuzin, 1973-1974).

47   Jeune femme debout

Sanguine. H. 0,304 ; L. 0,145.

Hist.   Voir numéro 47. Inventaire 13681.

Classée parmi les Anonymes italiens, cette étude de jeune femme est d'une facture comparable à celle du *David vainqueur de Goliath;* elle provient aussi des collections Jabach. Cette figure, la poitrine couverte, a été utilisée par Vignon pour une de ses compositions, la *Sibylle Cymerienne,* d une suite de douze gravées par Abraham Bosse et Gilles Rousselet (Weigert, I, n°s 1475 à 1486). Le style de cette étude, si différent de celui des dessins de Vignon pour une autre série gravée, les *Femmes fortes,* publiée en 1647, suggère une date nettement antérieure.

47

Nicolas Poussin

Les Andelys 1594 - Rome 1665

48   Passage de la mer Rouge

Plume et encre brune, lavis brun, sur papier beige. H. 0,192 ; L. 0,287. Au recto, étude de même technique pour la même composition.

Hist.   T. Lawrence (L. 2445, recto) — His de La Salle (L. 1332, 1333, recto) ; don en 1878. Inventaire RF 842 verso.

Bibl.   Tauzia, 1881, n° 275 — F.B., I., 1939, n° 21, pl. 13 — Wildenstein, 1957, p. 42 — Blunt, 1960, n° 146 — Blunt, 1966, p. 17 — Thuillier, 1974, p. 96 — Wild, 1980, p. 63.

Le dessin comporte au recto et au verso des études d'ensemble pour la peinture de la National Gallery of Victoria à Melbourne (Blunt, 1966, n° 20 ; Thuillier, 1974, n° 82 ; Wild, 1980, n° 63). Ce tableau et son pendant, l'*Adoration du Veau d'or,* conservé à la National Gallery de Londres, furent exécutés pour Amedeo del Pozzo, cousin de Cassiano ; ils passèrent d'abord en France dans la collection du chevalier de Lorraine avant 1684, puis en Angleterre où ils furent acquis en 1741 par Sir Jacob Bouverie et demeurèrent dans la collection Radnor jusqu'en 1945, où ils furent séparés. Leur datation oscille entre 1632-1633 (D. Wild) et 1637 (D. Mahon) ; A. Blunt et J. Thuillier les situent vers 1633-1635, date qui correspond au style des dessins. Les deux études du Louvre, ainsi que celles de l'Ermitage (F.B., I, 1939, n°s 17 à 19, pl. 11-12) se caractérisent par le synthétisme et la géométrisation des figures, et par des contrastes lumineux qui accentuent l'animation tumultueuse et le pathétisme de la scène (Van Heldingen, 1971, pp. 64-74).

49   Moïse frappant le rocher

Plume et encre brune, lavis brun. H. 0,242 ; L. 0,370.

Hist.   E. Jabach (L. 2961) — Entré en 1671 dans le Cabinet du Roi. Inventaire 32431.

Bibl.   F.B., I, 1939, n° 23, pl. 14 — Wildenstein, 1957, p. 47 — Blunt, 1960, n° 155 ; 1966, p. 19 ; 1979, pl. 41 — Wild, 1980, p. 56, repr. — Macandrew, 1981, n° 29, repr.

La seule étude connue pour la peinture de la collection du Duke of Sutherland (Blunt, 1966, n° 22 ; Thuillier, 1974, n° 87 ; Wild, 1980, n° 56). Le tableau, exécuté en 1637 ou peu avant, fut

48

selon Félibien (IV, p. 24) commandé par l'amateur parisien Melchior Gillier; il appartint ensuite au duc d'Orléans, puis, en Angleterre, au Duke of Bridgewater. La composition, dont le dessin étudie l'ensemble sera peu modifiée dans la peinture, à l'exception de la proportion des personnages qui sera agrandie, et du second plan à droite qui sera animé de figures. Le dessin, qui témoigne d'une maîtrise plus grande que dans le dessin précédent (n° 48) à discipliner et diversifier les mouvements de ses figures, apporte aussi à sa date, une précieuse référence pour le style des paysages; le traitement des feuillages et des montagnes est à rapprocher directement du dessin d'*Armide transportant Renaud* de 1637 (Louvre, Inventaire 32435; F.B., II, 1949, n° 144, pl. 111).

50 *Arbres dans une prairie*

Plume et encre brune, lavis brun, sur légère esquisse à la pierre noire. H. 0,239; L. 0,180.

Hist. Probablement P. Crozat — P.-J. Mariette (L. 1852); vente, Paris, 1775, partie du n° 1329 — Acquis pour le Cabinet du Roi. Inventaire 32467.

Bibl. Blunt, 1944, p. 155, pl. 38 — Shearman, 1960, p. 180, fig. 155 — Blunt, 1960, n° 150 repr. — Mahon, 1962, n° 184, repr. — F.B., IV, 1963, n° 271, pl. 211 — Bacou, 1967, n° 255 — Blunt, 1979, pl. 51.

L'une des plus spontanées, et sans aucun doute l'une des plus réussies parmi les «impressions», prises vraisemblablement sur le motif. Certes, la confrontation avec le cadre de nature dans des études pour des peintures datées permet d'envisager une évolution dans le groupe de paysages

49

purs que Poussin dessina probablement durant une grande partie de sa vie, groupe certainement moins restreint qu'on a voulu le dire ; il n'en reste pas moins que de telles feuilles, par leur liberté même, ne sont pas aisées à situer. On doit noter, après A. Blunt (1979, p. 55), que Poussin s'écarte ici de la tradition carraccesque du paysage à la plume, pour emprunter aux Nordiques qui travaillaient à Rome dans le premier quart du siècle, Breenbergh et Poelenburgh en particulier, les effets picturaux du lavis brun ; la comparaison s'impose avec Claude dont Poussin est ici très proche, mais avec un souci toujours présent de structure et de plans.

51   Sous-bois

Lavis brun, sur légère esquisse à la pierre noire. H. 0,255 ; L. 0,185.

Hist.   Probablement P. Crozat — P.-J. Mariette (L. 1852) ; montage avec cartouche : NIC. POUSSIN ; vente, Paris, 1775, partie du n° 1329 — Acquis pour le Cabinet du Roi. Inventaire 32465.

Bibl.   Reiset, 1869, n° 1280 — F.B., IV, 1963, n° G 15, pl. 229 (Dughet) — Bacou, 1967, n° 256 (Poussin).

A la vente Mariette de 1775, le Cabinet du Roi se porta acquéreur de six paysages catalogués sous le nom de Poussin au n° 1329 (Inventaire 32464 à 32469). Ces pièces ont très probablement appartenu à l'important ensemble d'œuvres de Poussin réuni par Crozat, provenant de Jabach, de Stella, de Claudine Bouzonnet-Stella et de Carlo degli Occhiali ; en effet, Mariette acquit à la vente Crozat de 1741, cinquante-deux des « Paysages du Poussin, la plus grande partie faits d'après Nature dans les Vignes de Rome ou dans les environs de cette Ville » (cat. Vente Crozat, 1741, p. 113, n°s 974, 979, 980, 982). Dans ce groupe des six feuilles du Cabinet du Roi, de même technique et sensiblement de mêmes dimensions, une distinction fut proposée en 1963 entre deux d'entre elles considérées comme Poussin (Inventaire 32466 et 32467, exposé n° 50) et les quatre autres, attribuées à Dughet, dont celle-ci (F.B., IV, n°s G 14 à G 17) ; cette hypothèse est loin d'avoir fait l'unanimité et il paraît difficile d'admettre des mains différentes pour les deux pièces exposées ici côte à côte.

52   Crucifixion

Plume et encre brune, lavis brun. H. 0,168 ; L. 0,145. Annotation presque effacée, en bas à droite : Poussin.

Hist.   T. Dimsdale (L. 2426) — T. Lawrence (L. 2445) — W. Coningham (L. 476) — His de La Salle (L. 1333) ; don en 1878. Inventaire RF 753.

Bibl.   Tauzia, 1881, n° 280 — F.B., I, 1939, n° 68, pl. 43 — Wildenstein, 1957, p. 112 — Blunt, 1960, n° 192 ; 1964, pp. 450-454, fig. 20 ; 1966, p. 55 — Thuillier, 1974, p. 102 — Blunt, 1979, pl. 69 — Wild, 1980, p. 120.

50

51

52

où ont été réunies deux études (RF 754 A et B ; id. n° 66, pl. 41) ; pour A. Blunt, l'étude RF 754 B pour la partie droite, de même style que la pièce exposée, aurait à l'origine fait partie du même dessin (1964, fig. 19, montage de RF 753 et 754 B). J. Thuillier voit dans la *Crucifixion* « l'un des plus hauts moments de l'inspiration de Poussin qui parvient à renouveler plastiquement et poétiquement l'un des thèmes les plus fréquemment traités de tout l'art occidental » (1974, p. 102).

Etude pour la partie gauche de la *Crucifixion* commandée par le président Jacques de Thou avant mai 1644, commencée le 12 novembre 1645 et terminée le 3 juin 1646. La peinture a ensuite appartenu à Jacques Stella, puis à sa nièce Claudine Bouzonnet-Stella qui la grava (Wildenstein, 1957, n° 67) ; l'exemplaire acquis en 1935 par le Wadsworth Atheneum d'Hartford est généralement admis comme l'original (Blunt, 1966, n° 79 ; Thuillier, 1974, n° 139 ; Wild, 1980, n° 128). Le Louvre conserve trois autres dessins pour cette œuvre : une autre étude pour la partie gauche sans la Croix (Inventaire RF 752 ; F.B., I, 1939, n° 67, pl. 42) et un feuillet

53   *L'Extrême-Onction*

Plume et encre brune, lavis brun. H. 0,218 ; L. 0,333. Mis au carreau à la pierre noire. Annoté en bas à droite, à la plume et encre noire : *108*.

Hist.   E. Jabach — P. Crozat ; vente Paris, 1741, partie du n° 963 — P.-J. Mariette (L. 1852) ; vente, Paris, 1775, n° 1320 — Acquis pour le Cabinet du Roi. Inventaire 32429.

Bibl.   Reiset, 1869, n° 1269 — F.B., I, 1939, n° 103, pl. 67 - Blunt, 1960, n° 195 — Mahon, 1962, n° 189, repr. — Blunt, 1966, p. 79 — Méjanès, 1967, n° 257 — Blunt, 1979, pp. 57-61, pl. 57 — Wild, 1980, p. 114 — Macandrew, 1981, p. 86.

Etude d'ensemble pour le premier tableau de la seconde série des *Sacrements* peinte pour Chantelou, dans la collection du Duke of Sutherland ; la peinture, commencée le 14 avril 1644, était terminée le 30 octobre (Blunt, 1966, n° 116 ; Thuillier, 1974, n° 140 ; Wild, 1980, n° 121). Dans cette admirable scène nocturne, les contours s'effacent ; seuls les contrastes du lavis brun sombre et des réserves du papier blanc font

53

54

surgir d'une pénombre pathétique le corps
immobile sur la couche et les visages des
assistants. Dans la peinture, l'un des sommets
du style rigoureux de Poussin, le corps du
mourant, ici vivement éclairé par la lumière des
torches, restera dans l'ombre. Cette pièce justement célèbre est cataloguée dans l'Inventaire
manuscrit de la seconde collection Jabach en
1696 (p. 97 verso, n° 135), citée dans le catalogue
Crozat de 1741 (n° 963), décrite dans le
catalogue Mariette de 1775 (n° 1320, «...ce
Dessin est d'un grand effet et au bistre»),
dessinée par G. de Saint-Aubin (Boston, Museum of Fine Arts). Elle a été exposée continuel-
lement au Louvre au cours du XIXᵉ siècle, depuis
l'an V jusqu'en 1869.

54 Le Baptême

Plume et encre brune, lavis brun. H. 0,164 ; L. 0,253.
Annoté en bas à droite, à la plume et encre noire : *17*
(coupé).

Hist.   P. Fréart de Chantelou (L. 735) — T. Lawrence
(L. 2445) — His de La Salle (L. 1333) ; don en 1866.
Inventaire MI 988.

Bibl.   Reiset, 1869, n° 1259 — F.B., I, 1939, n° 83, pl. 54 —
Blunt, 1960, n° 199 — Mahon, 1962, n° 191 — Blunt,
1966, p. 78 — Blunt, 1979, pp. 108-109, pl. 124 —
Wild, 1980, p. 121 — Macandrew, 1981, n° 51 repr.

Etude d'ensemble pour le troisième tableau,
dans la collection du Duke of Sutherland, de la
seconde suite des *Sacrements* peinte pour Chantelou, à qui ce dessin a appartenu (Blunt, 1966,
n° 112 ; Thuillier, 1974, n° 142 ; Wild, 1980,

n° 130) ; la peinture est mentionnée pour la
première fois dans une lettre à Chantelou du 4
février 1646 et fut terminée le 18 novembre. Le
Louvre possède une superbe suite de quatre
études pour cette composition, ayant fait l'objet
d'un don His de la Salle en 1866 : outre la pièce
exposée, le dessin Inventaire MI 987 portant les
marques Dimsdale et Lawrence (F.B., I, 1939,
n° 81, pl. 52 ; Blunt, 1979, pl. 123), MI 990
ayant appartenu à Chantelou et Lawrence (id.,
n° 80, pl. 53) et MI 989 pour le groupe de droite,
provenant de Lagoy (id., n° 82, pl. 53) ; les
quatre dessins ont été exposés en 1981 à
Edimbourg à côté de la peinture (MacAndrew,
1981, n° 48 à 51, repr.). Deux autres recherches
pour l'ensemble de la composition sont conservées aux Uffizi et à l'Ermitage (F.B., I, 1939,
nᵒˢ 77 et 78 ; Blunt, 1979, pl. 121 et 122).

55 L'Eucharistie

Plume et encre brune, lavis brun. H. 0,157 ; L. 0,255.
Mis au carreau à la pierre noire. Bandes rapportées à
droite et en bas.

Hist.   Voir n° 54. Inventaire MI 992.

Bibl.   Reiset, 1869, n° 1263 — F.B., I, 1939, n° 100, pl. 65 —
Blunt, 1960, n° 203 ; 1966, p. 78 ; 1979, p. 63, pl. 59
— Wild, 1980, p. 125 repr.

Etude d'ensemble pour le sixième tableau, dans
la collection du Duke of Sutherland, de la
seconde série des *Sacrements* peinte pour Chantelou, à qui ce dessin a aussi appartenu ; la
peinture, commencée avant le 1ᵉʳ septembre

55

1647, était terminée avant le 3 novembre (Blunt, 1966, nº 114; Thuillier, 1974, nº 145; Wild, 1980, nº 134). Comme dans l'*Extrême-Onction* (nº 53), Poussin représente ici une scène nocturne dans un intérieur; la seule source lumineuse est en effet la lampe suspendue au centre, dont le rayonnement, rendu par la réserve du papier, éclaire le groupe réuni autour du Christ vu de face; bien que les traits des visages ne soient pas indiqués, l'émotion est traduite avec une extrême intensité par le caractère concentré de la mise en page et les attitudes expressives des Apôtres.

56 Le Mariage

Plume et encre brune, lavis brun. H. 0,170; L. 0,229. Mis au carreau à la pierre noire. Annoté en bas à droite, à la plume et encre noire: *111*.

Hist. P. Crozat; vente, Paris, 1741, partie du nº 963 — P.-J. Mariette (L. 1852); vente, Paris, 1775, partie du nº 1321 — T. Lawrence (L. 2445) — Defer-Dumesnil (L. 739) — Acquis en 1900. Inventaire RF 2359.

Bibl. F.B., I, 1939, nº 91, pl. 60 — Blunt, 1960, nº 204 — Mahon, 1962, nº 192 — Blunt, 1966, p. 79 — Wild, 1980, p. 126 — Macandrew, 1981, p. 98.

Etude d'ensemble pour le septième et dernier tableau, dans la collection du Duke of

56

Sutherland, de la seconde suite des *Sacrements* (Blunt, 1966, n° 118; Thuillier, 1974, n° 146; Wild, 1980, n° 135); la peinture commencée, avant le 24 novembre 1647, fut terminée avant le 23 mars 1648. Le dessin exposé est la seule étude connue préparant directement cette composition; mise au carreau, elle est très proche de l'œuvre définitive, dont cependant les modifications sont significatives: pour alléger l'austère rigueur de cette scène, la porte fermée au centre deviendra une fenêtre ouverte sur un paysage; d'autre part, le dessin ne comporte pas à l'extrême gauche la femme mystérieusement voilée, particulièrement admirée par Bernin lors de sa visite à Chantelou. Le Louvre possède deux autres dessins sur le thème du *Mariage,* donnés par His de La Salle en 1872 (Inventaire RF 17 et 18; F.B., I, 1939, n°s 93 et 94, pl. 61); la présence d'une colombe au-dessus des époux dans le dessin RF 18 indique qu'il s'agit de projets pour un *Mariage de la Vierge* non réalisé.

1980, n° 118). Le tableau et son pendant dont le sujet est tiré des *Antiquités judaïques* de Josèphe (2, 9-7), *Moïse enfant foulant aux pieds la couronne de Pharaon,* furent peints pour le cardinal Camillo Massimi; les deux peintures, généralement datées vers 1647-1648, furent acquises dès 1683 par Louis XIV et sont au Louvre. Le dessin exposé présente d'importantes variantes avec la composition définitive, en particulier dans le groupe des trois hommes au centre; il est conçu comme un bas-relief juxtaposant au premier plan des personnages aux formes étirées, à l'immobilité hiératique, se détachant sur le fond sombre. Rompent le rythme sévère des verticales, les enroulements frémissants du serpent aux pieds de Pharaon assis. Contemporain des études pour les derniers *Sacrements* de Chantelou (n°s 55 et 56), cet extraordinaire nocturne s'impose comme l'une des créations les plus rigoureuses et les plus dépouillées de l'œuvre dessiné.

57   Moïse et Aaron devant Pharaon

Plume et encre brune, lavis brun. H. 0,158; L. 0,261.

Hist.   N. Revil — His de La Salle (L. 1332 et 1333); don en 1878. Inventaire RF 750.

Bibl.   Tauzia, 1881, n° 277 — F.B., I, 1939, n° 16, pl. 10 — Blunt, 1960, n° 176, repr.; 1966, p. 17 — Thuillier, 1974, p. 104 — Blunt, 1979, p. 118, pl. 138 — Wild, 1980, p. 111 repr.

Etude d'ensemble pour la peinture illustrant un passage de l'*Exode* (7, 8-13), appelée aussi *Moïse changeant en serpent la verge d'Aaron* (Blunt, 1966, n° 19; Thuillier, 1974, n° 151; Wild,

58   Scène de l'Ane d'or

Plume et encre brune, lavis brun. H. 0,128; L. 0,267; au bord droit, à la plume et encre brune, chiffres. Annoté en bas, vers la gauche, à la pierre noire repris à la plume: *Poussin.* Coin supérieur gauche abattu.

Hist.   Paraphe non identifié (L. 2951) et n° 2533 — Probablement saisie des Emigrés. Inventaire 32451.

Bibl.   F.B., II, 1949, n° 141, pl. 109 — Blunt, 1960, n° 223.

Selon A. Blunt, le dessin illustrerait la scène de l'*Ane d'or* d'Apulée (IX, 37), dans laquelle Lucius métamorphosé en âne fuit devant l'attaque des cuisiniers et se jette dans la salle à manger, où il

57

58

effraie les convives; pour Morel d'Arleux qui le catalogua lors de l'exposition de l'An X au Louvre (nº 452), le dessin s'inspirerait de la fable d'Esope, l'*Ane et le petit chien*. Bien qu'elle ne prépare aucune peinture connue, cette pièce est sans contredit l'une des plus remarquables des années 1645-1650; à côté de scènes statiques comme l'étude pour *Moïse et Aaron* (nº 57) elle démontre avec éclat la puissance expressive de Poussin dans la traduction du mouvement. Elle nous apporte de plus une précieuse indication sur la méthode du dessinateur, esquissant les personnages rapidement à la plume ainsi qu'en témoigne la figure non retenue à l'extrême droite, puis couvrant de son pinceau lavé de brun la surface du dessin en réservant seules les parties éclairées.

59 *Moïse et les filles de Jethro*

Lavis brun, sur légère esquisse à la pierre noire. H. 0,170; L. 0,434.

Hist. E. Jabach (L. 2961) — Entré en 1671 dans le Cabinet du Roi. Inventaire 32432.

Bibl.   Inventaire manuscrit Jabach IV, 468 (Poussin) — Reiset, 1869, nº 1251 — F.B., I, 1939, nº 15, pl. 9 — Wildenstein, 1957, p. 38 — Blunt, 1960, nº 229, repr.; 1966, p. 15 — Thuillier, 1974, pp. 103-104 — Méjanès, 1977-1978, nº 158, repr. — Blunt, 1979, pl. 78; 1979-2, pp. 119-122, fig. 1 — Wild, 1980, p. 136, repr..

L'une des pièces les plus célèbres du Louvre, entrée dès 1671 dans le Cabinet du Roi, exposée pendant tout le XIXe siècle au Musée et l'une des études les plus achevées sur le sujet de Moïse repoussant les bergers qui empêchaient les filles du prêtre Jethro de puiser l'eau du puits (*Exode*, II, 16-19). Une peinture a été exécutée, puisque les gravures d'A. Trouvain (Wildenstein, 1957, nº 14) et de G. Vallet (Blunt, 1979-2, fig. 2) portent la mention: *Poussin pinxit* (Blunt, 1966, nº 17; Thuillier 1974, nº 149; Wild, 1980, nº 145); on s'accorde à la situer vers 1647-1648, car des croquis préparatoires se trouvent au verso d'une étude pour la *Découverte de Moïse* de 1647 (Louvre, Inventaire RF 747; F.B., I, 1939, nºs 3 et 13). La pièce exposée est l'un des seuls dessins exécutés directement au pinceau sur des indications à la pierre noire, sans utiliser

59

60

la plume pour les contours (Blunt, 1979, p. 71) ; elle a sans doute été coupée en haut, la composition complète, telle qu'elle apparaît dans une autre étude d'ensemble récemment publiée par A. Blunt (1979-2, pl. 1), représentant un fond de collines et de ciel ; elle s'impose comme un superbe résumé des recherches contemporaines du dessinateur, le statisme du groupe de gauche rappelant *Moïse et Aaron* (n° 57) et la violence et le dynamisme du groupe de droite rappelant la *Scène de l'Ane d'or* (n° 58).

1963, n°ˢ 282, 283, pl. 219, 218), P. Bjurström a ajouté une belle étude conservée à la Bibliothèque de l'Université d'Uppsala pour le groupe d'arbres au second plan (1965, pp. 264-265, pl. 20, 21). Dans ces études autour de 1648, la plume joue un rôle prédominant, comme dans les paysages d'Annibale Carracci ; dans la pièce exposée, la pierre noire a été employée après la plume pour proposer des alternatives et indiquer les valeurs.

60 Paysage

Plume et encre brune, pierre noire. H. 0,267 ; L. 0,407. Annoté en bas à droite, à la plume et encre brune : *poussin*. Coin supérieur droit restauré.

Hist.   J. Richardson sen. (L. 2184) — J. Barnard (L. 1419, 1420, au recto et verso du montage) — Bertheels ; vente, Paris, 3 février 1789, n° 175 — Saint Morys — Saisie des Emigrés. Inventaire 32481.

Bibl.   Shearman, 1960, p. 184, fig. 157 — Blunt, 1960, n° 215 — Mahon, 1962, n° 193 — F.B., IV, 1963, n° 281, pl. 219 — Blunt, 1966, p. 143 — Wild, 1980, p. 130.

Publié en 1960 par J. Shearman comme une première pensée pour le *Paysage au serpent* de la National Gallery à Londres, peint pour Pointel et terminé en 1648 (Blunt, 1966, n° 209 ; Thuillier, 1974, n° 159 ; Wild, 1980, n° 140) ; si les personnages sont différents, le site en effet est très comparable. Aux deux autres dessins de Dijon et de Bayonne mis en rapport par J. Shearman avec cette composition (F.B., IV,

61 Renaud quittant Armide

Plume et encre brune, lavis brun. H. 0,189 ; L. 0,255. Au verso, croquis à la plume et encre brune.

Hist.   T. Lawrence (L. 2445) — His de La Salle (L. 1333) ; don en 1878. Inventaire RF 757.

Bibl.   Tauzia, 1881, n° 282 — F.B., II, 1949, n° 146, pl. 113 — Blunt, 1966, n° 194 ; 1979, pp. 170-173, pl. 188 — Wild, 1980, n° 136, repr. — Thuillier, 1984, pp. 37-42, fig. 18 (Du Fresnoy).

De la *Jérusalem délivrée* du Tasse, Poussin a surtout retenu l'histoire de Renaud et Armide, plusieurs fois représentée ; ici est illustré le dénouement (XVI, 59), quand Renaud, entraîné par ses compagnons quitte Armide évanouie ; dans un second dessin du Louvre (Inventaire RF 758 ; F.B., II, 1949, n° 145, pl. 113), est esquissé brièvement le groupe de Renaud et ses compagnons se dirigeant vers une barque conduite par une femme, dont seul le bras est visible dans le dessin exposé. En 1979, A. Blunt démontrait

61

que les deux dessins de Poussin avaient été utilisés dans des dessins et des peintures, pour lesquels le nom de Du Fresnoy pouvait être avancé (pl. 190 à 192). Récemment, J. Thuillier acceptait l'attribution à Du Fresnoy, à qui il proposait de donner aussi les deux dessins du Louvre. Cette hypothèse ne semble pas devoir être retenue, tout d'abord en raison de la qualité de ces deux études, que leur graphisme apparente directement aux dessins des années 1647-1649 (par exemple n° 62) ; d'autre part, au verso du dessin exposé, se trouvent des croquis, de la main de Poussin, pour la *Pénitence* et l'*Eucharistie* de 1647 (F.B., I, 1939, n° 101, pl. 66).

62 *Moïse frappant le rocher*

Plume et encre brune, lavis brun et gris, sur esquisse à la pierre noire. H. 0,170 ; L. 0,254. Annoté en bas à droite, à la pierre noire : *Poussin.*

Hist.   Voir n° 61. Inventaire RF 843.

Bibl.   Tauzia, 1881, n° 843 — F.B., I, 1939, n° 26, pl. 16 — Wildenstein, 1957, p. 45 — Blunt, 1960, n° 217 ; 1966, p. 20 ; 1979, p. 65, pl. 66 — Wild, 1980, p. 141.

Etude d'ensemble pour la peinture de l'Ermitage (Blunt, 1966, n° 23 ; Thuillier, 1974, n° 161 ; Wild, 1980, n° 151). Le tableau peint pour Jacques Stella en 1649, gravé en 1687 par

62

63

Claudine Bouzonnet-Stella (Wildenstein, 1957, n° 19) fut acquis vers 1733 par Sir Robert Walpole et entra en 1779 dans la collection de Catherine II. Trois autres études préparent directement cette composition, à Stockholm (F.B., I, 1939, n° 25, pl. 14) et à l'Ermitage (id., n°s 24, 27, pl. 15, 17). Entre le dessin exposé et l'œuvre définitive, Poussin modifiera complètement la scène, puisque Moïse, qui est ici à droite, sera représenté à gauche, tourné vers la droite. Il est particulièrement intéressant de pouvoir comparer les deux dessins exécutés par Poussin sur le même thème à une douzaine d'années de distance(n. 49), permettant ainsi de mesurer l'évolution de son style de 1637 environ à 1649.

63 Vénus à la fontaine

Plume et encre brune, lavis brun et gris. H. 0,255; L. 0,232. Traces de mise au carreau à la pierre noire, à gauche. Au verso, lettre manuscrite.

Hist. His de La Salle (L. 1332, 1333); don en 1878. Inventaire RF 762.

Bibl. Tauzia, 1881, n° 286 — F.B., III, 1953, n° 212, pl. 162 — Thuillier, 1960, pp. 106-107 — Blunt, 1960, n° 235, repr. — Mahon, 1962, n° 198, repr. — Blunt, 1979, pl. 97 — Wild, 1980, n° 196, repr.

Exécuté au verso d'une lettre adressée le 17 août 1657 à Poussin par le neveu de J. Stella, Antoine Bouzonnet-Stella, l'assurant de son dévouement peu de temps après la mort de son oncle survenue en avril (texte publié par Tauzia, 1881, pp. 160-161 et Thuillier, 1960, pp. 106-107). Dans ce magnifique dessin, probablement

contemporain de la lettre, si la structure des divers plans reste fermement établie, le graphisme révèle le tremblement de la main. L'attitude de Vénus avec les deux solutions proposées pour le bras droit rappelle celle de la Muse dans l'*Inspiration du poète* du Louvre (Thuillier, 1974, n° 61) et celle de la nymphe à gauche de la *Naissance de Bacchus* de 1657, au Fogg Museum (id., n° 204); le motif des *putti* attrapant un lièvre au premier plan est inspiré de Philostrate.

64 Apollon amoureux de Daphné

Plume et encre brune, lavis brun, sur esquisse à la pierre noire et papier beige. H. 0,309; L. 0,340. Mis au carreau à la pierre noire. Annoté en bas à droite, à la plume et encre noire: 130. Pliure horizontale en bas.

Hist. Probablement Saint-Morys — Saisie des Emigrés. Inventaire 32448.

Bibl. F.B., III, 1953, n° 174, pl. 142 — Blunt, 1960, n° 237, repr.; 1966, p. 92; 1979, pp. 86-87, pl. 101 — Wild, 1980, p. 193.

Etude d'ensemble pour la dernière peinture de Poussin (Blunt, 1966, n° 131; Thuillier, 1974, n° 222; Wild, 1980, n° 205). Peu de temps avant sa mort, sentant qu'il ne pourrait le terminer, le peintre donna le tableau inachevé à son ami le cardinal Camillo Massimi; il aurait été rapporté en France par Lethière, directeur de l'Académie de France à Rome de 1807 à 1817, et fut acquis en 1869 par le Louvre. Dans cette ultime période, différents thèmes en rapport avec Apollon ont été étudiés par Poussin dans un

64

groupe de dessins exécutés de la même écriture tremblée (Blunt, 1979, pl. 99, 100) ; la pièce exposée est la plus proche de la peinture, dont les savantes allusions aux *Métamorphoses* d'Ovide et aux *Imagines* de Philostrate sont dominées par le chant mélancolique de l'amour malheureux d'Apollon pour Daphné. Mariette écrit au sujet de la vieillesse de Poussin : « Dans les derniers jours de sa vie, qu'une main tremblante et appesantie lui refusoit le service, le feu de son imagination n'étoit point encore éteint, cet habile Peintre mettoit au jour des idées magnifiques... » (Cat. Crozat, 1741, p. 115.)

Jacques Stella

Lyon 1596 — Paris 1657

65 Allégorie sur la mort du cardinal Scipion Borghese

Plume et encre brune, lavis brun. H. 0,270 ; L. 0,207 ; pièces ajoutées, en haut à droite, et au centre à droite. Annoté au verso à la plume : *Roma 1633.*

Hist. P.-J. Mariette (L. 1852) montage avec cartouche JACOB STELLA ROMAE 1633 et annotation ; vente, Paris,

65

1775, partie du n° 1364 — Saint-Morys — Saisie des Emigrés. Inventaire 32889.

Bibl. Thuillier, 1960, p. 101 — Bacou et Bean, 1960, n° 13 — Méjanès, 1967, n° 269.

L'inscription portée par Mariette sur le montage caractéristique de cette collection, a été traduite : « Pendant que luttant contre la mort le Cardinal Scipion Borghese gisait en agonie, ses bonnes actions le remplissaient de confiance, il était en possession du salut désiré. » La date, lisible par transparence, est en effet celle de la mort de ce neveu du pape Paul V. Les armes des Borghese, surmontées du chapeau de cardinal et tenues par une Gloire, figurent sur la bannière arrachée par le squelette de la mort aux malheureux que l'agonisant avait secourus. Les yeux, les bouches, les doigts qui figurent sur cette bannière, restent d'un symbolisme un peu mystérieux. Formé à Florence dans un milieu encore marqué par le Maniérisme, arrivé en 1622 ou 1623, à Rome où il découvrit les Carrache et le Dominiquin, Stella séjourna en Italie jusqu'en 1634 ; ses compositions, petites peintures sur des supports précieux et ses gravures l'y rendirent fameux. Lié avec Poussin, il succéda à Vouet comme Premier peintre du Roi.

66 Allégorie de l'Honneur

Plume, pinceau et encre brune, lavis brun, rehauts de blanc, sur papier gris bleu. H. 0,397 ; L. 0,265. Annoté en haut au centre, plume et encre brune : *L'Honore* et monogramme *J.S.* (?). Au verso, d'un poème en italien : *L'Honore / Bello de visio che piu dhonore a Joven che à un Vechio vestito di porpora che é l'adornamento florato e Regale / La corona d'aloro per la Scienzia acquista / et quella doro per Richesa acquista / et quella di quercia per la forsa combatuta / Lesgudo di minerva dimonstra che a combatuto per fama et per Siensia / che con larme si aquista nobilta / il compaso che agguagliamo le forze con lespesa / il Leone per fortesa de lanimo che combate per avere honore che lui domine / et é animale il piu nobile et ... memoria del bene riciuto ci che / lui e vindicativo car chi tocha l'honore se ofendi asai e se steso / e ... sedere che si Riposa e gaude dentro la sue felicita laudando il / Sig. re Dio che glia dato la fortuna. / Ex Jacobus Stella Lugdunensi faciebam / Rome 1633.*

Hist. H. Baderou — Acquis en 1950. Inventaire RF 29878.

Bibl. Rosenberg, 1971 et 1976, p. 33.

L'explication et la signification de cette allégorie sont données par un long poème en italien un peu francisé, transcrit au verso de la feuille : L'Honneur doit avoir le beau visage de la jeunesse, être vêtu de pourpre, assis sur un

66

trône, avec les symboles de l'abondance et du commerce à ses côtés ; sa couronne de laurier symbolise la science acquise, et celle d'or, les richesses accumulées tandis que les feuilles de chênes comme l'écu de Minerve disent les combats nécessaires à la science, la gloire et à la domination par les armes. Le lion est symbole de courage, de noblesse, de fierté. L'Honneur lève les yeux vers le ciel pour louer Dieu des bienfaits accordés par la fortune dont l'emblème est la statuette tenue dans sa main droite. Cette allégorie a, au moins, un pendant, *La Gloria di Viertu,* portant aussi l'initiale ou le monogramme *J.S.* (?) en haut à gauche, et que J. Bean a identifié parmi les Anonymes italiens du Louvre (Inventaire 15042).

Charles Mellin

Nancy v. 1597 - Rome 1649

67   L'Annonciation

Plume et encre brune, lavis brun. H. 0,207 ; L. 0,236.
Annoté en bas, à droite, à la plume et encre brune : *Posino.*

Hist.   Saint-Morys — Saisie des Emigrés. Inventaire 32494.

Bibl.   Friedländer, 1939, p. 18 — Thuillier, 1960, p. 81, fig. 45 — Wild, 1966-1967, pp. 68-69, fig. 74 — Thuillier, 1981, p. 610, fig. 16 — Thuillier, 1982, n° 73.

Les dessins de Mellin ont longtemps été confondus avec ceux de Poussin, peut-être parce qu'un grand nombre porte l'annotation *Posino,* telle qu'elle est inscrite ici. Il est possible que cette mention ait été placée sur des lots de dessins mis en vente à Rome, au XVIIIᵉ siècle (Méjanès, 1983, p. 87). Mellin doit à cette confusion d'avoir été le premier parmi les artistes de l'entourage de Poussin, à attirer l'attention des historiens. L'œuvre dessiné de ce Lorrain arrivé en Italie vers 1618, est abondant ; il peut être regroupé sous quelques thèmes traités avec de nombreuses variantes. Parmi les *Annonciations,* les compositions de format horizontal paraissent préparatoires à la peinture de la chapelle de la Vierge à Saint-Louis-des-Français à Rome ; Mellin en commença le décor en 1631 (Thuillier, 1982, pp. 229-230).

68   La Vierge et l'Enfant entourés de saints

Plume et encre brune, lavis brun. H. 0,222 ; L. 0,120.

Hist.   F. Reiset — A. Besnus ; vente, Paris, 8 mars 1922, n° 2 — M. Seymour de Ricci ; legs au Louvre en 1943. Inventaire RF 29360.

Bibl.   Méjanès, 1983, sous n° 58.

Entré sous le nom de Nicolo Dell' Abate, ce dessin a rejoint au Louvre une composition semblable, plus complète car y figure la colombe du Saint-Esprit, et mise au carreau, (inventoriée comme copie d'après Poussin, n° 32543). Cette *Maesta* ne correspond à aucun des thèmes développés par Mellin. Mais les six figures

67

68

entourant le trône permettent de rapprocher ce dessin d'une composition où apparaissent cinq des saints représentés ici et un donateur en prière (Inventaire 9783, annoté aussi *Posino* comme le n° précédent ; Méjanès, 1983, n° 58) ; comme le suggère l'attitude du personnage aux mains jointes, placé à l'extrême droite, au deuxième plan, ce dessin paraît aussi un projet d'ex-voto.

Pierre Brébiette

Mantes v. 1598 - Paris 1650

69 *La métamorphose de Cygnus*

Sanguine. H. 0,235 ; L. 0,183.

Hist.   Saint-Morys — Saisie des Emigrés. Inventaire 25048.

Bibl.   Guiffrey et Marcel, II, n° 1745 — Weigert, II, p. 141 — Bacou et Bean, 1960, n° 16 — Thuillier, 1961, p. 49 — McAllister Johnson, 1968, pp. 172-174 — Rosenberg, 1971 et 1976, p. 81.

Le sujet est tiré des *Métamorphoses* d'Ovide (XII, 340-380) : pour avoir pleuré la mort de Phaeton, frappé par la foudre de Jupiter après avoir dérobé le char de son père Apollon, les sœurs de cette victime furent transformées en peupliers et Cygnus, roi de Ligurie, en cygne. Ce dessin est

préparatoire à une gravure illustrant l'ouvrage de l'abbé de Marolles, *Tableaux du Temple des muses tirez du Cabinet de Mr. Favereau* (Paris, 1655). Brébiette a repris la figure de Cygnus pour la figure de *Saint Sébastien* (Weigert, II, p. 115, n° 53), gravée en 1634.

70 *Persée tranche la tête de Méduse*

Sanguine. H. 0,236 ; L. 0,189.

Hist.   Voir n° 69. Inventaire 21122.

Bibl.   Guiffrey et Marcel, II, n° 1747.

Cette composition raffinée, toute encore empreinte de Maniérisme, semble un projet pour une illustration. Entourée de cadavres pétrifiés par son regard, Méduse est allongée ; Persée s'approche d'elle sans la regarder, se guidant du reflet de la Gorgone dans le miroir offert par Minerve. Ce dessin qui ne paraît pas avoir été gravé, pourrait être un projet non utilisé pour les *Métamorphoses d'Ovide, traduite en prose française...* ouvrage de A. Robinot, paru à Paris en 1640 ; en regard de la page 149, figure une gravure de Brébiette, illustrant un autre épisode de la vie de Persée : ayant coupé la tête de cette Gorgone, il la présente à Phinée, venu lui disputer Andromède, et le pétrifie.

69

70

71

71 Neptune et divinités marines

Pierre noire et sanguine. H. 0,170 ; L. 0,235. Annoté
au verso, plume et encre brune : *Martin de Vos.*

Hist.   Cabinet du Roi. Inventaire 20602.

Bibl.   Thuillier, 1961, p. 52.

François Quesnel a gravé ces divinités marines,
avec quelques variantes : un triton enlève la
jeune femme, placée ici sur un char traîné par
des dauphins. L'attribution ancienne à Martin

de Vos a été corrigée, après la publication en
1908 du deuxième volume de l'*Inventaire des
Dessins du Louvre,* par L. Demonts qui indique
que Brébiette aurait ici et dans le dessin suivant,
copié Diepenbeck.

72 Le repas de Psyché ou des Grâces

Sanguine. H. 0,170 ; L. 0,240.

Hist.   Voir n° 71. Inventaire 20603.

72

73

d'après des compositions de Vouet, l'artiste a réalisé un portrait de Virginia da Vezzo, l'épouse de Vouet (Francfort, Staedelsches Kunstinstitut ; Rosenberg, 1971 et 1976, pl. XII, p. 82), œuvre qu'il a gravée en 1626, et il a donc fixé, dans la légère sanguine du Louvre, les traits de Vouet. Des quelques portraits connus de Vouet, celui de Mellan se rapproche le plus de l'*Autoportrait* du Musée des Beaux-Arts de Lyon, tableau qui pourrait avoir été peint par Vouet en 1627, comme l'a proposé J. Thuillier (1965, pp. 54-55). Le portrait dessiné montre un rendu précis et rigoureux qui caractérise les œuvres réalisées par Mellan durant son séjour italien, dont de nombreux exemples sont conservés au National Museum de Stockholm et à l'Ermitage.

Claude Mellan

Abbeville 1598 - Paris 1688

73 *Portrait de Simon Vouet*

Sanguine. Forme ovale. H. 0,158 ; L. 0,130.

Hist. P.-J. Mariette (L. 1852) ; montage avec cartouche SIMON VOUET EFFIGIEBAT CLAUD. MELLAN ; vente, Paris, 1775, probablement partie du n° 1289 — Saisie des Emigrés. Inventaire 30954.

Bibl. Reiset, 1869, n° 1172 — Guiffrey et Marcel, X, 1927, n° 9828 repr. — Brière, 1953, pp. 170-171, n° 1 — Bacou et Bean, 1960, n° 15 — Bazin, 1962, n° 138, pl. LXV — Méjanès, 1967, n° 247.

Mellan, arrivé à Rome en 1624 et après avoir étudié la gravure avec Villamena jusqu'au décès de celui-ci, se mit à l'école de Simon Vouet. « Cet excellent peintre — rapporte Mariette dans le texte fondamental qu'il a consacré à Mellan — se prêta de bon cœur à l'instruction de Mellan... il lui recommanda avant tout de dessiner et de soumettre à cette étude toutes les autres, persuadé, et avec raison, que cette partie, qui est le fondement de la peinture, le doit être aussi de la gravure... Mellan écouta avec soumission des conseils salutaires, et, pour montrer qu'il étoit résolu de les pratiquer, il se dévoua entièrement à celui qui les lui donnoit. » (*Abecedario*, III, p. 327). Plusieurs œuvres gardent le souvenir des liens qui unirent les deux artistes : outre un ensemble de gravures exécutées par Mellan

Claude Gellée
dit Le Lorrain

Chamagne (Lorraine) v. 1600 - Rome 1682.

74 *Villa dominant une vallée*

Plume et encre brune, lavis brun et gris. H. 0,320. ; L. 0,212. Annoté en bas vers la gauche à la plume et encre brune : *Claudio fecit per andare a porta pin*. Au

74

verso, trois croquis de sites de Civitavecchia, à la plume et à la sanguine, et numérotation : *CL. 27.*

Hist.   E. Bouverie (L. 326) ; vente, Londres, 20 juillet 1859 — H. Wellesley (L. 1384) ; vente, Londres, 25 juin 1866 ; acquis pr R.P. Roupell (L. 2234) ; vente, Londres, 12 juillet 1887 — J.P. Heseltine (L. 1507) — Colnaghi en 1913 — Don de la Société des Amis du Louvre en 1920. Inventaire RF 4566.

Bibl.   Röthlisberger, 1968, n° 303, repr.

La numérotation au verso de ce dessin prouve que ce paysage est l'une des études provenant du *Libro della Campagna,* l'un des « cinq ou six gros livres de dessins de vues d'après nature » constitués par l'artiste et cités par son contemporain F. Baldinucci. Rien ne paraît subsister du site décrit par Claude, proche certainement de l'une des portes de Rome : *Porta Pin* — (ciana) ou *Porta Pia?* La lecture de l'inscription est difficile. Selon M. Röthlisberger, ce site serait celui des *Orti sallustiani,* les anciens jardins de Salluste, proches de Porta Pia. Les croquis au verso sont vraisemblablement contemporains du voyage à Santa-Marinella (voir n° suivant) en 1638. Mais le rôle prépondérant accordé au pinceau, la plume ne cernant ici que les formes essentielles dans les larges plages de lavis, suggère, pour le recto, une date un peu antérieure.

Bibl.   Röthlisberger, 1968, n° 313 repr.

— 2.   Plume et encre brune, lavis, gris, rehauts d'aquarelle. H. 0,058 ; L. 0,315. Annotation à la plume et encre brune.

Hist.   Voir n° 75-1. Inventaire RF 4564.

Bibl.   Röthlisberger, 1968, n° 314, repr.

Le pape Urbain VIII ayant décidé de faire agrandir le port de Santa-Marinella près de Civitavecchia, commanda à Claude Gellée, un paysage représentant ce site (*Liber Veritatis,* n° 46 ; Kitson, 1978, n° 46 ; aujourd'hui conservé au Petit Palais, Paris ; Röthlisberger, 1961, fig. 111). Le peintre se serait rendu sur place en 1638. Une dizaine de croquis topographiques, d'un caractère semblable à ceux ici exposés, subsistent. De quelques traits de plume, Le Lorrain y traça les silhouettes des murailles et des monuments de ces deux ports, dessinant aussi sur le chemin, le site de Palo (voir le n° suivant). Les annotations en italien précisent les tonalités, les éléments des matériaux ou des indications géographiques. Ces relevés rapides doivent aux rehauts de lavis et d'aquarelle, une ampleur de véritables panoramas.

75   *Vues de Civitavecchia*

— 1.   Plume et encre brune, lavis gris, avec rehauts d'aquarelle et de gouache. H. 0,060 ; L. 0,322. Annoté en bas, au centre, plume et encre brune : *Claudio fecit civitavecchia* et indications peu lisibles.

Hist.   T. Lawrence (L. 2445) — S. Woodburn ; vente en 1835 à W. Esdaile (L. 2617), n° 1836 ; vente, Londres, 18 juin 1840 ; acquis par H. Wellesley — Suite de l'hist., voir n° 74. Inventaire RF 4565.

76   *Paysage avec le château de Palo*

Pierre noire et encre brune, lavis brun et rehauts d'aquarelle. H. 0,210 ; L. 0,307. Au verso, inscription en partie lisible par transparence : *Vedut a (?) tel ... dell' Ill.mo Sign.e. Don ...*

Hist.   Saint-Morys — Saisie des Emigrés. Inventaire 26692.

Bibl.   Guiffrey et Marcel, V, n° 4106 — Bacou et Bean, 1960, n° 23 — Röthlisberger, 1968, n° 323 — Thuillier, 1982, n° 108 — Russell, 1982-1983, n° 108.

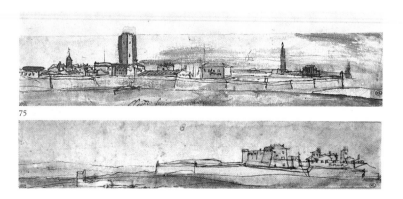

75

76

M. Röthlisberger a identifié ce paysage : le château dont les fortifications apparaissent sur l'horizon marin, au-dessus des bâtiments des communs, est celui de Palo, à mi-chemin entre Rome et Civitavecchia. *L'Illustrissimo Signore Don...* dont le nom n'est plus aujourd'hui lisible sur l'inscription, serait un Orsini, détenteur du fief de Palo au XVIIe siècle. Dessiné peut-être sur nature durant le voyage de 1638, ce paysage a sans doute été transformé ensuite en pastorale, préludant à la composition exposée sous le n° suivant.

77   *Pastorale avec le château de Palo*

Plume et encres brune et noire, lavis gris et brun, avec rehauts de blanc, sur papier bleu. H. 0,224 ; L. 0,340.

Hist.   Padre Resta ? (L. 2992) — G.M. Marchetti (L. 2911) — H. Walpole ? (L. 1386) — J.P. Heseltine (L. 1507) — Colnaghi en 1913 — Don de la Société des Amis du Louvre en 1920. Inventaire RF 4575.

Bibl.   Röthlisberger, 1968, n° 324 repr. (avec Bibl.) — Kitson, 1969, n° 22 — Russell, 1982-1983, n° 17.

Peut-être le projet ou le souvenir, d'un paysage peint pour les Orsini, propriétaire de Palo, lors du voyage du Lorrain. Parmi les dessins conservés, celui-ci serait, selon M. Kitson, le plus ancien de ceux où Claude allia une composition

77

très poussée à une technique complexe. En arrière de la pastorale du premier plan, figurent le château de Palo et ses abords, tels qu'ils apparaissent, y compris la carcasse du navire sur le rivage, sur un croquis rapidement tracé à la plume et parfaitement comparable aux relevés dressés lors du voyage à Civitavecchia (voir n° 75) ; ce croquis est conservé au British Museum (Röthlisberger, 1968, n° 282).

78 Deux bateaux dans la tempête

Plume et encre brune, lavis brun. H. 0,318 ; L. 0,224.
Annoté en bas à droite, plume et encre brune : *C.L.F.*

Hist. H. Wellesley (L. 1384) ; vente Londres, 25 juin 1866 — T.H. Newman — J.-P. Heseltine (L. 1507) — Colnaghi en 1913 — Don de la Société des Amis du Louvre en 1920. Inventaire RF 4574.

Bibl. Röthlisberger, 1968, n° 397 — Russell, 1982-1983, n° 23.

Le genre de la *Marine* fut très apprécié en Italie au xviie siècle. Goffredo Wals, Federico Napoletano ou Agostino Tassi, auprès desquels Claude se forma à Naples et à Rome avant 1625, s'en firent même une spécialité. La mer est très souvent présente dans les peintures du Lorrain ;

78

elle brille fréquemment à l'horizon. Les scènes de port, sous le prétexte de sujets variés, y sont nombreuses, mais les tempêtes y sont rares : le *Liber Veritatis* (cet album où Claude a réuni les copies dessinées de ses compositions peintes, pour en garder le souvenir) n'en recense que trois (British Museum ; Kitson, 1978, n°s 33, 72 et 74) ; ces peintures sont aujourd'hui perdues. *La Tempête,* datée de 1630, est aussi le sujet d'une des eaux-fortes de l'artiste (Blum, n° 1 ; Russell, 1982-1983, n° 4).

79 Arbres

Plume et encre brune, lavis brun. H. 0,273 ; L. 0,205.
Annoté en bas à droite, plume et encre brune : *C. Lorain.*

Hist. R. Pelletan ; vente, Paris, 14 avril 1803, partie du n° 54 ; acquis pour le Louvre. Inventaire 26698.

Bibl. Guiffrey et Marcel, V, n° 4120 — Röthlisberger, 1968, p. 214, n° 273 repr. — Russell, 1982-1983, n° 14 repr.

Cette étude a été dessinée sur le motif, en plein air, l'éclairage latéral et la perspective inhabituelle le prouvent. Troncs, branches et feuillages de ces arbres émergent d'une masse de buissons au sommet d'un talus, l'artiste étant placé en contrebas. Daté par Röthlisberger « vers 1640 », cette vision de deux arbres est rapprochée ici des études comparables dessinées par Nicolas Poussin (voir n°s 50 et 51).

80 Groupe d'arbres dans un vallon

Plume et encre brune, lavis brun, traces de gouache oxydée. H. 0,280 ; L. 0,412 sur deux feuillets accolés dans la partie supérieure.

Hist. R. Houlditch (L. 2214) ; vente, Londres, 12 février 1760 — G. Knapton — G. Morrison ; vente, Londres, 25 mai 1807 — His de la Salle (L. 1333) ; don en 1878. Inventaire RF 765.

Bibl. Both de Tauzia, 1881, n° 251 — Guiffrey et Marcel, V, n° 4104 — Sérullaz, 1959-1960, n° 33 — Duclaux, 1968, n° 24 — Röthlisberger, 1968, n° 634.

Selon M. Röthlisberger, ce paysage serait, d'une dizaine d'années, postérieur aux *Arbres* (voir n° précédent). Les dimensions exceptionnelles aussi, la précision de l'écriture, la mise en page peuvent convaincre qu'il ne s'agit pas ici d'une étude sur nature mais d'une recomposition faite à l'atelier. La disposition harmonieuse des volumes et l'étude de la lumière — les effets de contre-jour au soleil couchant — ne paraissent

80

pourtant pas artificielles. Cette combinaison pittoresque d'éléments naturels, cette évocation réussie d'une heure de la journée s'opposent à la rigueur essentielle des traits et au schématisme des formes, privilégiant le sujet et l'idée sous-tendue, du dessin préparatoire à *L'Homme au serpent* de Poussin (voir n° 60).

81 *Paysage pastoral avec une citadelle*

Plume et encre brune, lavis brun sur papier préparé de ton rosé : H. 0,183 ; L. 0,262. Au verso, à la plume et encre brune sur papier blanc *études de coteaux boisés* et annotation : *Claude Gelée / Roma 16 ...*

Hist. J. Barnard (L. 1415) n° 813 (?) ; probablement vente Londres 16 février 1787 — Saisie des Emigrés. Inventaire 26690.

Bibl. Guiffrey et Marcel, V, n° 4109 — Bacou, 1959-1960, n° 35 — Röthlisberger, 1961, p. 271 ; 1968, n° 658 — Duclaux, 1968, n° 23 — Gere et Hulton, 1978-1979, pp. 113-114.

Vraisemblablement une étude sur nature, antérieure à 1648 ; la même citadelle (qui n'est pas le château de Bracciano) apparaît en effet sur une peinture commandée en 1648 par un ingénieur militaire suisse, H.-G. Werdmuller (1616-1678).

81

82 Musicienne dansant devant des bergers

Pierre noire, estompe, lavis gris. H. 0,187 ; L. 0,269.
Annotation au verso, plume et encre brune : *A Monsieur Courtois / à Paris Claudio Gillée / Dit Le Lorrain. 1665.*

Hist.   N. Haym (L. 1970 au verso) — Earl Spencer (L. 1530) — Wellesley (L. 1384) ; vente, Londres, 25 juin 1866 — S. Addington (L. 2344 a) — J.-P. Heseltine — Colnaghi, 1913 — Don de la Société des Amis du Louvre en 1920. Inventaire RF 4595.

Bibl.   Röthlisberger, 1968, n° 652 ; 1971, n° 29 — Agnew, 1982, n° 27.

82

Des danses rustiques sont le sujet de quelques-unes des premières œuvres de Claude qui les grava lui-même à l'eau-forte ; deux d'entre elles sont vraisemblablement antérieures à 1635, date où l'artiste entreprit son *Liber Veritatis* (Russell, 1982-1983, n°s 20 et 24), une troisième pouvant être datée de 1637 (id., n° 28). Plus tard, ce thème anime souvent des paysages au sujet religieux ou historique.
Le style très pictural du dessin exposé, comparable seulement à l'une des feuilles de l'album Odescalchi (Röthlisberger, 1971, n° 29), permet de les dater vers 1645-1650. Les musiciens, danseurs et spectateurs figurant sur ces deux études, sont très proches des groupes de personnages célébrant le *Mariage d'Isaac et de Rébecca,* dont la version conservée à Londres est datée de 1648 (National Gallery ; *Liber Veritatis, n° 113* ; Kitson, 1978, n° 113).

83 Moulin et ville fortifiés au bord d'un lac

Pierre noire, plume et encre brune, lavis brun et gris. H. 0,209 ; L. 0,356. En bas, à droite, à la plume et encre brune, traces d'annotation.

Hist.   Marque *M.D.,* encore anonyme (L. 1863) — Vivan Denon (sans marque, gravé dans le catalogue) ; vente, Paris, 1er avril 1826 — T. Lawrence (?) — W. Esdaile (L. 2617) ; suite de l'Hist., voir n° 75 — Inventaire RF 4591.

Bibl.   Röthlisberger, 1968, n° 588.

Exemple rare chez Claude, d'une composition où la nature s'efface devant l'architecture, reflétée dans l'eau. Claude semble s'être inspiré — sinon avoir copié (Röthlisberger, 1968, I, p. 233 — des dessinateurs vénitiens du XVIe siècle, tels Giorgione, Campagnola ou Titien.

83

84

84 L'Adoration du Veau d'or

Plume et encre brune, lavis brun et gris, avec rehauts de blanc, traits de pierre noire. H. 0,205 ; L. 0,385. Mis en diagonale à la pierre noire. Annoté en bas, vers la droite, plume et encre brune : *clau ... fe ...* Annoté au verso par J. Barnard : *n° 335 / 15 hy 8 / This is the original Drawing for the famous Picture that he painted for Sir Peter Lely.*

Hist.   J. Barnard (L. 1415 au verso) n° 335 ; vente, Londres, 16 février, 1787 — Bertheels ; vente, Paris, 3 février 1789 — X. Lamblin — Probablement Saint-Morys — Saisie des Emigrés. Inventaire 26686.

Bibl.   Guiffrey et Marcel, IV, n° 4101 — Röthlisberger, 1961, p. 315, n° 4 — Kitson, 1962, pp. 429-430, n° 211 — Röthlisberger, 1968, n° 727 — Russell, 1982-1983, n° 48.

La plus complète des études préparatoires pour l'*Adoration du Veau d'or* (Karlsruhe, Staatliche Kunsthalle ; Röthlisberger, 1961, fig. 218 à 221 ; 1968, n°s 725 à 729). L'indication portée au verso est erronée. Le *Liber veritatis* (Kitson, 1978, n° 129) précise que cette composition fut peinte en 1653, non pour le portraitiste anglais P. Lely mais pour un jeune amateur romain Carlo Cardelli (1626-1663) ; après sa mort prématurée, trois des toiles de Claude qu'il possédait furent parmi les premières à parvenir en Angleterre où les œuvres du Lorrain devaient connaître une faveur exceptionnelle. Malgré la mise au carreau, ici tracée en diagonales, ce dessin n'est toutefois pas semblable à la peinture. Pour mettre en évidence Moïse et le monument dressé au Veau d'or par ses compagnons (*Exode,* 32), l'artiste a interverti la disposition des groupes de figures, celui des suppliants et celui des danseurs ; en repoussant vers la droite les figures debout, le peintre a donné plus d'ampleur au paysage.

85 Berger assis et un troupeau dans un gué

Plume et encre brune, lavis gris et brun, avec rehauts de blanc, traits à la pierre noire et estompe. H. 0,198 ; L. 0,305. Annoté et daté en bas, à gauche, plume et encre brune : *Claudio Gelée I.V.F. (?) / Roma 1660* et au centre *1660.*

Hist.   T. Lawrence (L. 2445) ; vente, Londres, août 1895 — W. Esdaile (L. 2617) ; vente, Londres, 30 juin 1840 — « *M. Du Roveray* » inscription de la main de Ch.-S. Bale (L. 641) ; vente, Londres, 9 juin 1881 — J.-P. Heseltine (L. 1507) — Colnaghi en 1913 — Don de la Société des Amis du Louvre en 1920. Inventaire RF 4584.

Bibl.   Röthlisberger, 1961, p. 357 — Röthlisberger, 1968, n° 48.

La date, *1660,* portée sur ce dessin a permis de le mettre en rapport avec une composition conservée à la Wallace Collection, Londres (*Liber Veritatis,* n° 152), plus complète que cette étude : on y voit Apollon banni de l'Olympe, devenu berger des troupeaux d'Admète, roi de Thessalie, et que Mercure vint lui dérober. Le Louvre conserve aussi une première pensée pour le pendant de cette composition, *Mercure et Battus,* peint en 1653 et conservé à Chatsworth (*Liber Veritatis,* n° 159).

86 La Sibylle de Cumes conduisant Enée

Plume et encre brune, lavis brun et gris, avec rehauts de blanc sur papier brun. H. 0,253 ; L. 0,355. Traces de mise au carreau à la pierre noire.

Hist.   Paignon-Dijonval (Catalogue, 1810, n° 2596) ; Morel de Vindé — T. Dimsdale (L. 2426) — T. Lawrence (L. 2445) ; vente, Londres, août 1935 — W. Esdaile (L.

85

86

2617) ; vente, Londres, 30 juin 1840 — Wellesley (L. 1834) ; suite de l'Hist., voir n° 75. Inventaire RF 4586.

Bibl.   Röthlisberger, 1961, pp. 432-433 ; 1968, n° 996 — Duclaux, 1968, n° 25 — Russel, 1982-1983, n° 66.

Un des dessins préparatoires à une peinture terminée en 1673 pour Paolo Francesco Falconieri. En 1666 et 1667, Claude avait déjà peint pour lui, deux paysages animés de sujets littéraires, des scènes tirées de *La Jérusalem délivrée* du Tasse, *Herminie et les bergers* et *L'Embarquement de Carlo et Ubaldo* (*Liber Veritatis*, n°ˢ 166 et 168 ; Kitson, 1978). En 1672, pour le même commanditaire, il avait illustré l'*Enéide* de Virgile, avec *Une Chasse d'Enée* (*Liber Veritatis*, n° 180).

Il semble que pour cette quatrième composition, la peinture de 1673, Le Lorrain ait hésité entre les deux auteurs. En effet, trois des cinq dessins préparatoires montrent deux soldats entraînés par une figure drapée, dans une forêt obscure et vers l'ouverture d'une grotte dans un rocher (Röthlisberger, 1968, n°ˢ 993 à 995 ; l'un d'eux au Louvre, Inventaire 26710) ; on pourrait reconnaître dans ces trois personnages, Rinaldo et Ubaldo guidés par le magicien vers les Champs-Elysées. Claude aurait donc d'abord pensé à illustrer à nouveau le poème du Tasse. Sur les deux autres dessins, dont celui-ci (Röthlisberger, 1968, n°ˢ 996 et 997), c'est un guerrier solitaire que conduit la figure drapée. L'artiste aurait voulu donner ainsi un pendant au paysage peint l'année précédente, en illustrant à nouveau une scène de *l'Enéide*. Claude a hésité dans son choix entre les poètes ; c'est pourtant du même thème qu'il voulait traiter : un voyage d'initiation à travers les Enfers afin de connaître les vices à éviter pour être admis aux Champs-Elysées. C'est dans un paysage baigné par la lumière du soleil couchant que commence ce voyage initiatique.

Jacques Blanchard

Paris 1600 - Paris 1638

87 La Sainte Famille

Pierre noire, lavis brun, sur papier beige. H. 0,170 ; L. 0,142.

Hist.   Cabinet du Roi. Inventaire 23767.

Bibl.   Guiffrey et Marcel, I, n° 293 — Bacou et Bean, 1960, n° 18 — Sterling, 1961, p. 87, n° 23.

Les dessins dont l'attribution à J. Blanchard ne fut jamais contestée, se caractérisent par un aspect pictural, les rehauts de lavis très larges et libres modelant les formes esquissées à la pierre noire. Parmi les dessins classés sous ce nom au Louvre — auxquels P. Rosenberg (1975, p. 221, fig. 145) a ajouté une autre *Sainte Famille,* avec sainte Elisabeth et saint Jean-Baptiste, attribuée auparavant à Chaperon — se trouvent neuf

87

petites compositions, toutes des Vierges et Enfants, à l'exception d'une scène mythologique (Inventaire 23769 à 23773 *bis*). Ces dessins à la sanguine et lavis de sanguine, d'une exécution minutieuse et délicate, étaient dès 1671, dans la collection Jabach, attribués à Blanchard. Ch. Sterling (1961) y retrouve les thèmes de cet artiste mais pas son style ; il propose de reconnaître dans ces neuf dessins, des compositions de Blanchard, peut-être copiées par La Hire — des textes prouvent que leurs familles étaient liées. A ce copiste hypothétique, il convient probablement de rendre une *Vierge et l'Enfant apparaissant à un mourant*, dessinés aussi à la sanguine, d'un graphisme semblable dans les traits sinueux et bouclés, et modelés avec la même accentuation des contrastes lumineux ; ce dessin est entré au Louvre (Inventaire 9789) sous le nom du napolitain Solimena. La facture de ces dix dessins n'est pas sans évoquer des études de figures et de bustes, dessinées à la sanguine, généralement attribuées à Bellange et parfois à Saint-Igny. Leur style est proche aussi de certains dessins de Vignon (voir n° 46 et 47).

Michel Ier Corneille dit l'Aîné

Orléans 1603 - Paris 1664

88 Saint Paul et Barnabé à Lystra

Plume, pinceau et encre brune, lavis brun, rehauts de blanc, sur papier beige. H. 0,448 ; L. 0,350. Incisé au stylet.

Hist.   Cabinet du Roi (L. 1899 et 1886). Inventaire 25284.

Bibl.   Guiffrey et Marcel, III, n° 2316 — Auzas, 1949, pp. 188-189 — Pruvost-Auzas, 1958. n° 27 — Bacou et Bean, 1960, n° 32 — Auzas, 1961, p. 191 — Cuzin, 1983-1984, n° 52.

Ce dessin reproduit exactement la composition peinte (aujourd'hui à Arras, Musée des Beaux-Arts), pour le May de 1664 : chaque mois de mai, de 1630 à 1707 (excepté en 1683 et 1684), la corporation des orfèvres de Paris offrait à Notre-Dame une peinture de vastes dimensions et dont le sujet était généralement tiré des *Actes des Apôtres* (voir Le Sueur, n° 121 et Bourdon, n° 130). Ici est illustré le chapitre XIV : A Lystra en Asie Mineure, Paul et Barnabé ayant guéri un estropié, les spectateurs de ce miracle croient reconnaître en eux Jupiter et Mercure ; les deux compagnons des Apôtres refusent le sacrifice païen qui leur est offert et veulent témoigner de leur humanité et de leur foi. Corneille l'Aîné peignit aussi le May de 1658, *Saint Pierre baptisant le Centenier* (aujourd'hui à Toulouse, église Saint-Pierre). Les traces de stylet que porte ce dessin, prouvent qu'il servit de modèle à F. de Poilly pour la planche gravée dès 1645 (Chalcographie du Louvre, Inventaire 906).

Philippe de Champaigne

Bruxelles 1602 - Paris 1674

89 Louis XIV enfant

Sanguine, avec rehauts de blanc, sur papier beige, angles supérieurs arrondis. H. 0,160 ; L. 0,126. Annoté en haut à la sanguine : *Louis 14 Aoust 1644.*

Hist.   Don de la Société des Amis du Louvre en 1970. Inventaire RF 34427.

Bibl.   Dorival, 1971, pp. 73-75, fig. 5 ; 1976, n° 188, pl. 188.

« Peintre et valet de chambre ordinaire du Roy », Champaigne a fait à ce titre plusieurs portraits de Louis XIV enfant. Dans ce dessin, daté de la main de Champaigne *1644,* le roi est âgé de six

89

ans. Champaigne a choisi de représenter son modèle en buste de profil à droite, ce qui est assez rare dans ses portraits. Avec sensibilité mais sans complaisance, Champaigne nous montre un enfant grave, replié sur lui-même, aux traits ingrats et aux joues un peu lourdes. Il porte le béguin, piqué d'une plume rabattue sur la joue gauche, coiffure abandonnée par les enfants royaux le jour de leurs sept ans. Ce dessin plein de fraîcheur est peut-être une étude préparatoire pour un portrait du roi, comme celui du tableau de Versailles (Dorival, 1971, fig. 2), dont le modèle décorait une cheminée dans l'appartement d'Anne d'Autriche au Val-de-Grâce.

90 La Cène

Plume et encre grise, lavis gris, sur esquisse à la pierre noire et papier beige. H. 0,383 ; L. 0,454. Annotation en bas au centre à la mine de plomb : *P. Champ.* Collé en plein.

Hist.   Saint-Morys — Saisie des Emigrés. Inventaire 19860.

Bibl.   Lugt, 1949, I, n° 516 — Dorival, 1952, n° 53 ; 1957, n° 51 ; 1957-2, p. 255 — Bacou et Bean, 1960, n° 30 — Rosenberg, 1972, p. 144 sous n° 24 — Dorival, 1976, n° 60 et fig. 60.

Cet important dessin est une étude préparatoire pour une œuvre exécutée en 1648 pour le chœur du Couvent de Port-Royal de Paris (Dorival, 1976, n° 59 repr.). En raison de la dévotion toute particulière des religieuses pour le Saint-Sa-

88

90

crement, il sera amené quatre ans plus tard à faire une réplique de cette peinture, pour le maître-autel de Port-Royal-des-Champs (Dorival, 1976, nº 61 repr.). Conformément à l'iconographie issue du Concile de Trente, Champaigne montre le moment où le Christ institue le sacrement de l'Eucharistie et non celui où le Christ annonce la trahison de Judas. Le bassin, le vase et le linge, à droite de la composition, évoquent l'épisode du lavement des pieds, inspiré de la *Cène* du Titien (Dorival, 1976, fig. XLVII). La *Cène* de Raphaël (Dorival, 1976, fig. LXIV) a fourni des modèles en particulier pour les gestes et les attitudes de saint

Pierre et de Judas. Tout en étant influencé par les peintres italiens, Champaigne, dans cette composition, montre des qualités d'ordre et d'élégance qu'on retrouve chez La Hire et Le Sueur.

91 Apparition des saints Gervais et Protais à saint Ambroise

Plume et encre grise, lavis gris avec rehauts de blanc, sur esquisse à la pierre noire. H. 0,322 ; L. 0,596.

Hist.   Cabinet du Roi. Inventaire 19863.

91

Bibl.   Lugt, 1949, I, n° 517, pl. XLI — Cat. exp. Bristol, 1956, n° 4 — Bacou et Bean, 1960, sous n° 31 — Andrew, 1971, p. 77, fig. 5.

Etude pour l'*Apparition des saints Gervais et Protais à saint Ambroise, archevêque de Milan,* une des trois compositions commandées en 1657 à Ph. de Champaigne par les marguilliers de l'église Saint-Gervais. Auparavant, les marguilliers s'étaient adressés à Le Sueur, puis à Bourdon, pour une suite de tableaux évoquant la vie des deux saints. Les mêmes compositions devaient servir de modèle à des tapisseries, exposées les jours de fête dans l'église. Le Nationalmuseum de Stockholm conserve une étude préparatoire (Andrew, 1971, fig. 4), première pensée pour la composition qui nous intéresse. Le dessin du Louvre, davantage poussé, est très proche du tableau et de la tapisserie. Le premier décore la chapelle du lycée Henri IV (Andrews, 1971, fig. 6), la seconde est conservée à l'Hôtel de Ville de Paris (Andrews, 1971, fig. 7). Le Cabinet des Dessins possède aussi un dessin de petit format et de facture plus libre pour l'*Invention des corps de saint Gervais et saint Protais,* ayant appartenu à Mariette (Inventaire 19858; Lugt, 1949, I, n° 518, pl. XLII; Bacou et Bean, 1960, n° 31).

Laurent de La Hire

Paris 1606 - Paris 1656

93   *Saint Jean à Pathmos*

Sanguine. H. 0,353; L. 0,238.

Hist.   P.-J. Mariette (L. 1852); montage avec cartouche: LAURENTIUS DE LA HYRE; *vente, Paris, 1775, n° 1270; acquis pour le Cabinet du Roi. Inventaire 27482.*

Bibl.   Guiffrey et Marcel, VII, n° 5571 — Bacou et Bean, 1960, n° 35, pl. I — Duclaux, 1968, n° 26, repr.

On retrouve dans la composition de cette œuvre de jeunesse de La Hire, dans l'attitude de saint Jean, dans le traitement des mains, un certain maniérisme qui rappelle la formation de l'artiste auprès des œuvres de Rosso et de Primaticcio à Fontainebleau (d'Argenville, IV, p. 64). Saint Jean est représenté âgé, écrivant sur ses genoux, l'aigle à ses côtés; légèrement esquissée au-dessus de lui, apparaît la Femme de l'Apocalypse qui recevra des ailes pour fuir au désert: «Un signe grandiose apparut dans le ciel, une Femme, le soleil l'enveloppe, la lune est sous ses pieds, et douze étoiles couronnent sa tête.» (Ap. Chap. XII, 1 à 15). Dans la composition gravée

92   *Moïse tenant les tables de la loi*

Pierre noire, lavis gris, sur papier irrégulièrement découpé. Dim. max. H. 0,424; L. 0,425.

Hist.   A. Ch. Boulle — Saint-Morys — Saisie des Emigrés. Inventaire 19864.

Bibl.   Lugt, 1949, I, n° 513, pl. XLII — Rosenberg, 1971 et 1976, fig. 10, p. 88 — Dorival, 1976, n° 1624 et fig.

Regard fixé sur le spectateur, lèvres entrouvertes, il est difficile d'échapper à la présence de ce Moïse. Traditionnellement attribuée à Champaigne, cette étude ne peut être rattachée à aucune œuvre connue. P. Rosenberg (1971) voit dans ce dessin une œuvre caractéristique de la main de Champaigne. Pour B. Dorival (1976), il paraît hasardeux d'attribuer le dessin à ce maître; il note que les Moïses représentés par Champaigne ne portent jamais de bandeau sur le front, les tables de la loi sont toujours rectangulaires et non cintrées dans la partie supérieure, enfin ils ne figurent pas dans un décor pseudo-égyptien.

92

94

par Rousselet, saint Jean sera jeune et imberbe. Cette étude est très proche d'une peinture de J. Blanchard, gravée par Daret et d'une œuvre de Le Brun (1653-1655), gravée par Poilly (Blunt, 1944, pl. II C).

94   Salomon et la reine de Saba

Pierre noire, lavis gris, sur papier beige. H. 0,143 L. 0,291. Mis au carreau à la pierre noire. Annoté en bas au centre, à la plume et encre noire : *Juste d'Egmont.*

Hist.   Paraphe non identifié (L. 2951), n° 1858 — Probablement Saint-Morys — Saisie des Emigrés. Inventaire 33958.

Bibl.   Augarde, 1969, V, p. 21.

La reine de Saba dépose ses présents aux pieds du roi Salomon, dont elle reconnaîtra la sagesse (1ᵉʳ *Livre des Rois,* chap. IX, 1 à 12). Dans cette œuvre que l'on peut dater des années 1635 (Augarde, 1969, V, p. 21), empreinte d'un certain lyrisme propre à cette période, La Hire adopte une technique qui lui sera chère : pierre noire, sur papier blanc, légèrement rehaussée de lavis gris, technique sobre à travers laquelle son style s'affirmera peu à peu. Si la facture et la composition n'ont pas encore ce fini et cette clarté des années 1645-1650, déjà se dégage le caractère classique de l'œuvre.

95   Annonciation

Pierre noire, lavis brun sur papier beige. H. 0,231 ; L. 0,217. Mis au carreau à la pierre noire.

Hist.   E. Calando (L. 837) — Acquis en 1970. Inventaire RF 34518.

Ce dessin, ayant appartenu à la collection E. Calando, est récemment entré au Cabinet des Dessins. Cette scène d'intérieur de caractère intimiste est certainement un dessin de jeunesse de La Hire, ainsi qu'en témoignent le graphisme, le traitement des hachures et certains détails comme celui des mains aux doigts effilés. Un autre dessin contemporain, sur le même thème, ayant appartenu à Chennevières (*L'Artiste,* avril 1896, pp. 261-262) était dans la collection Germain Seligmann (Richardson, 1979, n° 41, repr.). Au Cabinet des Dessins est conservé une autre étude de La Hire sur le thème de l'*Annonciation* qui a été identifiée parmi les Anonymes italiens par L. Turčić en 1983 (Inventaire 11238).

95

96

96 Saint Etienne traîné devant le conseil

Pierre noire, avec rehauts de lavis gris. H. 0,373; L. 0,551.

Hist.   Paraphe non identifié — Saisie révolutionnaire (Saint-Etienne-du-Mont). Inventaire 27506.

Bibl.   *Inventaire des Richesses d'Art de la France,* 1876, I, pp. 125-126; II, p. 55, pp. 330-331 — Guiffrey et Marcel, VII, n° 5581 — Augarde, 1969, V, pp. 76-77.

Etude pour une suite de tapisseries sur la vie de saint Etienne, commandée à La Hire par les marguilliers de Saint-Etienne-du-Mont, vers 1645-1650. Le thème de ces tapisseries, dont cinq seulement seront réalisées, est emprunté aux *Actes des Apôtres* et à l'Epître du prêtre Lucien de Caphar-Gamaliel, bourgade du diocèse de Jérusalem; disparues à la Révolution, ces cinq tapisseries décoraient la nef de l'église Saint-Etienne-du-Mont (Guillet de Saint-Georges, 1854, pp. 104-114). La Hire fit de nombreux dessins pour cette suite; dix-neuf (voir n° 97) sont conservés au Louvre; deux d'entre eux (Inventaire 27516 et 27517) ont servi pour les panneaux de la chaire de Saint-Etienne-du-Mont, sculptés par Lestocard en 1651 (Augarde, 1969, V, p. 58). Ces dessins portent tous (à l'exception de trois) un paraphe identique non identifié par F. Lugt; on peut penser à celui des marguilliers de Saint-Etienne-du-Mont; en effet, ces dessins ont été encadrés pour décorer les bureaux des marguilliers jusqu'à la Révolution et c'est toujours encadrés qu'ils sont entrés au Louvre à l'occasion de l'exposition de la Galerie d'Apollon en 1797 (*Inventaire des Richesses d'Art de la France,* 1876, t. I, pp. 125-126, t. II, pp. 330-331).

97 La Vision du prêtre Lucien

Pierre noire, lavis gris, rehauts de blanc, sur papier beige. H. 0,307; L. 0,443. Mis au carreau.

Hist.   Paraphe non identifié — Saisie révolutionnaire (Saint-Etienne-du-Mont). Inventaire 27513.

Bibl.   Chennevières, 1854, I, p. 113 — Guiffrey et Marcel, VII, n° 5589, repr. — Augarde, 1969, p. 75 — Rosenberg, 1971 et 1976, pl. XVI, p. 83 — Ponchâteau, 1978-2, pp. 77 à 81, repr.

Le sujet de cette étude est tiré de l'Epître du prêtre Lucien, curé de Caphar-Gamaliel, diocèse de Jérusalem (voir n° 96). Gamaliel apparaît au prêtre Lucien endormi, pour lui indiquer où reposent les corps de saint Etienne, Nicodème, de lui-même et de son fils Abibon. Cette étude a été traduite en tapisserie, c'est la quatrième pièce dont parle Guillet de Saint-Georges qui décorait la nef de l'église Saint-Etienne-du-Mont (Chennevières, 1854, I, p. 113). La suite des dessins pour la *Vie de saint Etienne* marque l'apogée de l'art de La Hire: sous une apparente simplicité la composition se déroule rythmée par les lignes savantes de l'architecture, les personnages généralement représentés de trois-quarts ou de profil donnent un caractère classique à l'œuvre d'où se dégage une profonde harmonie.

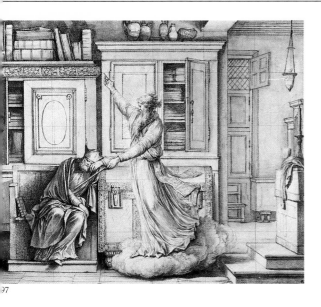

98   Conversion de saint Paul

Pierre noire, avec rehauts de lavis gris. H. 0,363
L. 0,396. Mis au carreau, papier filigrané.

Hist.   Paraphe non identifié — Saisie révolutionnaire
(Saint-Etienne-du-Mont). Inventaire 27512.

Bibl.   D'Argenville, 1742, IV, p. 63 — Guiffrey et Marcel,
VII, n° 5570 — Auzas, 1968, pp. 3-12.

Des dix-neuf études pour les tapisseries de
Saint-Etienne-du-Mont (voir n° 97) conservées
au Louvre, les historiens n'en comptent généralement que dix-huit, oubliant un dessin d'une
facture moins classique, la *Conversion de saint
Paul* exposée ici. Cette étude a cependant figuré
à l'exposition de la Galerie d'Apollon en 1797
avec les autres dessins de cette série (n° 333 du
Catalogue). Historiquement, on connaît les liens
qui existent entre saint Paul et saint Etienne ;
saint Paul a assisté à la lapidation du martyre
(*Actes des Apôtres,* VII, 58 ; VIII, 1), et se
convertira peu de temps après. Par ailleurs, ce
dessin exécuté dans la même technique, porte

98

un paraphe identique et des restes de papier bleu au verso, semblables à ceux des autres dessins. Comme le fait remarquer P.-M. Auzas, ce dessin ne peut être rapproché de la *Conversion de saint Paul,* peinture exécutée par La Hire pour le «May» de 1637, pour laquelle existent des esquisses, dessins et gravure d'une composition différente. Cependant nous avons bien là un dessin de la main de La Hire, certainement pour la suite de la vie de saint Etienne, dont la facture plus baroque répond aux exigences du sujet.

Nicolas Mignard

Troyes 1606 - Paris 1668

99 *Ange*

Il est vu en buste, les mains jointes, de trois-quarts à droite.
Sanguine sur papier beige. H. 0,176; L. 0,160. Au verso, à la sanguine, trois études de pied.

Hist.   Fonds d'atelier Nicolas Mignard; Rose-Marie Mignard (1754-1824); Mgr de Prilly (1775-1860), son fils; E. Barthélemy, son petit-neveu, puis ses descendants — Paul Prouté S.A.; acquis en 1978. Inventaire RF 36838.

Bibl.   Schnapper, 1978, p. 4, n° 1; 1979, p. 126, D 6, repr., p. 45.

C'est en 1978 que le Cabinet des Dessins du Louvre a pu acquérir un important fonds de dessins de Nicolas Mignard dit Mignard

99

d'Avignon, frère du futur Premier peintre de Louis XIV, Pierre Mignard. Il est rare de voir ainsi réapparaître d'un coup plusieurs dizaines de feuilles d'un artiste français du XVIIe siècle, qui restituent de façon cohérente le style du dessinateur et son évolution, nombre de ces dessins étant des études pour des tableaux connus. C'est le cas de cette étude pour l'ange en haut à gauche de la *Vision de saint Jean de Matha,* toile conservée dans l'église de Lambesc et que A. Schnapper date des années 1638-1639. Le dessin d'une grande élégance, rapide et schématique, qui diffère quelque peu des dizaines d'autres feuilles, souvent plus lourdes et serrées de facture, conservées au Louvre, peut être rapproché du style d'un autre Méditerranéen contemporain, le peintre aixois Jean Daret (voir n° 111). Une autre étude d'ange pour le même tableau (Schnapper, 1979, D 4) présente davantage de cohérence avec l'art solide et sévère de Nicolas Mignard.

100 *Homme nu couché, le bras droit levé*

Sanguine, avec rehauts de blanc, sur papier beige irrégulièrement découpé. Dim. max. H. 0,400; L. 0,545.

Hist.   Voir n° 99. Inventaire RF 36852.

Bibl.   Schnapper, 1978, n° 15, p. 6, repr. p. 7; 1979, p. 128, n° D 24, reproduit p. 71.

Etude pour le personnage en bas à droite du tableau de 1648 conservé à l'église Saint-Jean-de-Malte d'Aix-en-Provence, *La Vierge donnant le scapulaire à saint Simon Stock.* La draperie qui lui ceint les hanches est préparée par un autre dessin du Louvre (RF 36850 verso; Schnapper, 1979, n° D 20, repr. p. 71). On peut s'interroger sur la signification de ce personnage au premier plan de la composition («ressuscité», selon Schnapper, 1978, n° 13 p. 6) dont l'expression, anodine dans ce beau dessin exécuté d'après un modèle, devient violente et terrifiée dans le tableau où il repousse l'encensoir que lui présente un Carme. De plus, son visage semble comporter des cornes et de longues oreilles pointues, attributs du démon. Parmi les études considérées par A. Schnapper comme sans rapport avec l'œuvre peint conservé, il est pourtant possible de retrouver dans le fonds acquis par le Louvre un dessin préparatoire pour la figure du Carme à l'encensoir (RF 36892, Schnapper, 1979, D 74, repr. p. 143) décrit

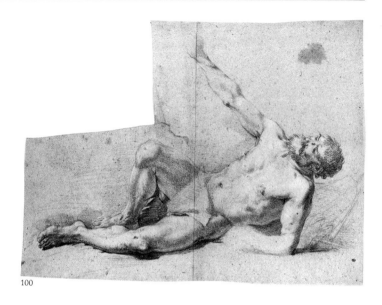

100

jusqu'ici comme un moine tenant une corde ; il s'agit en fait de la tige du lys que le religieux serre de la main droite. L'autre main est dans la position figurée sur le tableau, mais l'encensoir n'apparaît pas sur le dessin, rendant peu explicable la posture du personnage. A. Schnapper souligne la rareté des études dessinées présentant des variantes notables avec les figures de la peinture définitive.

101 Deux personnages implorant

Sanguine, avec rehauts de blanc, sur papier beige. H. 0,266 ; L. 0,400. Au verso, projet d'autel, à la pierre noire, et étude de draperie, à la sanguine avec rehauts de blanc.

Hist.   Voir n° 99. Inventaire RF 36859.

Bibl.   Schnapper, 1978, p. 8 n° 22, repr. p. 9 ; 1979, p. 131, D 40 repr. (verso) et p. 88 repr. (recto).

Etude pour deux des « Ames du Purgatoire » en bas à l'arrière-plan de la seconde version de *La Vierge donnant le scapulaire à saint Simon Stock,* toile datée de 1657 et conservée dans l'église Saint-Symphorien en Avignon. Le Louvre conserve une étude pour une autre de ces figures d'« âme du purgatoire » (RF 36861 ; Schnapper, 1979, D 41), représentations d'une entité dont les travaux de M. Vovelle et de P. Ariès ont démontré l'importance au XVIIe siècle dans les croyances et la pratique religieuses. L'étude

101

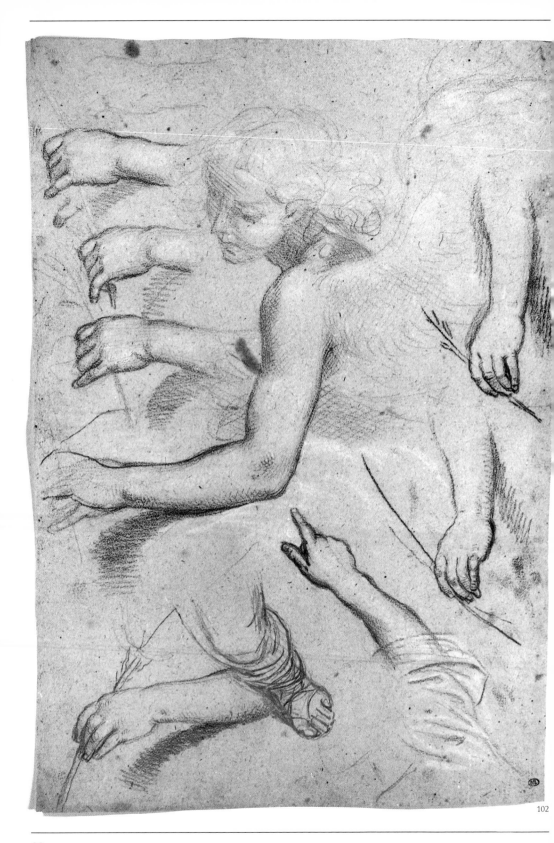

d'autel au verso, si elle est bien de la main de N. Mignard (la différence de technique avec le recto de la feuille permet peut-être d'en douter) conforte l'attribution à l'artiste d'un autre *Projet d'autel* (RF 36883), que Schnapper (1979, D 66) catalogue avec réserve. Les deux croquis témoignent cependant d'un baroquisme inhabituel à Nicolas, et sont davantage à rapprocher de l'art d'un Cortese ou d'un Volterrano.

102 *Feuille d'études*

Trois crayons, sur papier beige. H. 0,400 ; L. 0,270. Au verso, bras tenant un foudre et figure en buste, à la sanguine avec rehauts de blanc.

Hist.   Voir n° 99. Inventaire RF 36860.

Bibl.   Schnapper, 1978, p. 8, n° 23 ; 1979, p. 133, D 56, p. 115, repr. p. 116 (recto) et p. 135 (verso).

Cette belle feuille dont la mise en page évoque celles des études du frère de l'artiste, Pierre Mignard, ainsi que celles du pasticheur de celui-ci, Michel II Corneille, a été mise en rapport par A. Schnapper avec un tableau disparu, représentant une *Annonciation,* ayant décoré l'oratoire du petit appartement bas des Tuileries, l'une des dernières entreprises de l'artiste vieillissant, en 1666-1667. Le tableau est sans doute représenté sur un portrait posthume de l'artiste exécuté en 1672 par son fils Paul Mignard et conservé au Musée de Lyon (Schnapper, 1979, p. 13, fig. 1). L'ange n'apparaît qu'en partie sur l'œuvre représentée dans ce tableau, mais on y retrouve très précisément le geste de son bras présentant le lys à la Vierge. Un dessin préparant la figure de cette Vierge

apparaît fixé sur la toile que Nicolas Mignard est en train de peindre, illustration d'une technique classique, mais aussi jeu illusionniste sur le thème de «la peinture dans la peinture». Curieusement, le Louvre conserve une étude pour la figure de la Vierge, qui évoque, en moins achevé, cet autre dessin préparatoire et disparu (RF 36847 ; Schnapper, 1979, D 57).

Au verso, la main tenant le foudre se retrouve au verso d'une étude de fillette debout, également conservée au Louvre (RF 36873 ; Schnapper, 1979, D 58).

103 *Enfant nu tenant un panier ; Diane tirant à l'arc*

Pierre noire, avec rehauts de blanc, sur papier beige. H. 0,285 ; L. 0,430.

Hist.   Voir n° 99. Inventaire RF 36869.

Bibl.   Schnapper, 1978, p. 9, n° 32, repr. p. 10 ; 1979, p. 133. D 54, repr. p. 116.

Feuille d'études liée au décor perdu du plafond de la chambre dans le petit appartement bas des Tuileries (1666-1667) ; le putto tenant un panier au-dessus de sa tête figurait à côté de la représentation du Printemps dans la partie centrale du plafond, représentant *Apollon et les Saisons*. On le retrouve presque inchangé dans deux dessins en rapport avec ce décor conservés au Louvre (Inventaire.30994, Schnapper, 1979, D 52 ; et RF 36868, Schnapper, 1979, D 53 où il est à peine esquissé) et dans une troisième feuille provenant de la collection Masson et conservée à l'Ecole des Beaux-Arts à Paris (Schnapper, 1979,

103

D 51). Il est tentant de rapprocher la figure de Diane, sur la même feuille, d'un des compartiments annexes de ce même plafond, *Apollon et Diane tuant les enfants de Niobé* (Schnapper, 1979, p. 114, 88c), dont il n'existe malheureusement aucune représentation. Mais on ne peut s'empêcher de noter aussi la similitude entre cette figure et celle qui apparaît en haut d'une des grisailles décorant anciennement le plafond d'une chambre de l'hôtel de Tonduti-Lescarène en Avignon, exécutées entre 1655 et 1659, la *Mort de Coronis* (Schnapper, 1979, p. 33, 64 D). La feuille est un exemple caractéristique du style graphique assuré et sage de Nicolas Mignard à sa maturité, avec son goût pour les hachures entrecroisées et les contours solidement définis.

104 *Paysage de rochers avec un pavillon*

Pierre noire, sanguine, avec rehauts de pastel et de blanc, sur papier bleu. H. 0,430 ; L. 0,560.

Hist. Voir n° 99. Inventaire RF 36941.

Bibl. Schnapper, 1978, n° 104, p. 18 ; 1979, p. 154, n° D 97, repr. pp. 154-155.

Dans le fonds de dessins acquis en 1978 par le Louvre, figuraient quatorze paysages de diverses techniques et de qualité très différentes, celui-ci étant incontestablement le plus important, autant par la taille que par l'exécution. Avec raison, nous semble-t-il, Schnapper (1979) en refuse certains à l'artiste, en admettant neuf (D 89 à D 97) avec des réserves. Deux éléments principaux plaident, à notre avis, en faveur de l'attribution à Nicolas Mignard du dessin présenté : la similitude entre la petite étude de draperie et certaines des feuilles sûres du fonds, et surtout le fait que le dessin est l'œuvre d'un gaucher, comme le montre la disposition des hachures. Un rapprochement (Schnapper, 1981, p. 33, fig. 12 et D 99, p. 35) avec une étude certaine de l'artiste pour *Le Christ chez Marthe et Marie* où apparaît un fragment de paysage à l'arrière-plan, et avec un autre dessin à la sanguine *Paysage avec ruines* (Avignon, Bibliothèque Calvet ; Schnapper, 1979, D 99) permet encore de conforter l'attribution. Délicat et d'une grande poésie, le graphisme de cette feuille, difficile à dater, semble déjà évoquer un siècle plus tard, l'art d'un Chantereau ou celui d'un Hubert Robert.

Charles Poërson

Vic-sur-Seille (Lorraine) 1609 - Paris 1667

105 *Repos de la Sainte Famille pendant la fuite en Egypte*

Plume et encre brune, lavis brun sur traits à la pierre noire. H. 0,282 ; L. 0,358.

Hist. E. Jabach (L. 2959) — Entré en 1671 dans le Cabinet du Roi. Inventaire 32418.

Bibl. Inventaire Jabach, IV, n° 628 — Lejeaux, 1946, p. 27, fig. 9 — Klesse 1973, p. 103.

104

105

Cette composition est en rapport avec l'une des *Scènes de la vie de la Vierge Marie,* suite de quatorze tapisseries, commandée pour Notre-Dame de Paris par l'un de ses chanoines, Michel Le Masle, et tissée entre 1638 et 1657 à Bruxelles et à Paris. Ph. de Champaigne (dessins au Louvre, Inventaire 19872 et 19873 ; Lugt, 1949, I, nᵒˢ 514-515) et J. Stella peignirent les cartons des premières pièces. Poërson pourrait avoir conçu les autres compositions (Guiffrey, 1902, pp. 41 à 118 ; Lejeaux, 1948). Les tapisseries furent vendues à la cathédrale de Strasbourg en 1739. Les cartons étaient conservés par le chapitre de Paris jusqu'à la Révolution. S'inspirant de ces cartons, Poërson en peignit des réductions, comme *Le Repos* aujourd'hui conservé à Cologne (Inventaire 2311 ; Klesse,

1973, nᵒ 74) ou *La Nativité* (Louvre, Inventaire RF 3892 ; Rosenberg, Reynaud, Compin, 1974, II, nᵒ 648), variante du carton retrouvé par S. Savina à Montfort-l'Amaury.

Charles Alphonse Du Fresnoy
Paris, v. 1611 - Villers-le-Bel 1667 ou 1668

106 *La toilette de Vénus*

Plume et encre brune, lavis brun sur traits de pierre noire. H. 0,190 ; L. 0,245. Numéroté en bas à droite, plume et encre noire : *69.*

Hist.   Entré avant 1827. Inventaire 32454.

Bibl.   F.B., III, nᵒ B. 24, pl. 183 — Blunt, 1979, p. 165, fig. 182 — Thuillier, 1984, pp. 36-37, fig. 10, note 52.

Ce dessin est apparu aux yeux des meilleurs connaisseurs du XVIIᵉ siècle français comme un intéressant témoignage des rapports entretenus à Rome vers le milieu de ce siècle, par les artistes français et Nicolas Poussin. En 1953, W. Friedlaender et A. Blunt citèrent cette composition comme « pouvant être la copie d'un original perdu » de Poussin. A. Blunt publia en 1979 (pp. 163-165) deux peintures de Du Fresnoy (détruites en Allemagne en 1945), signées et datées de 1647. La première, *Vénus débarquant à Cythère,* était d'une disposition exactement semblable à un dessin de Poussin (Bayonne, Musée Bonnat, nᵒ 1668 ; F.B., III, nᵒ 205, pl.

106

107

Nicolas Chaperon

Châteaudun 1612 - Rome, après 1651

107 Trois enfants jouant avec une chèvre

Pierre noire, avec rehauts de blanc, sur papier bleu. H. 0,227 ; L. 0,177. Au verso, à la pierre noire, étude de femme nue debout. Annoté sur le montage, à la plume et encre noire : *Chapron.*

Hist. Paraphe non identifié (L. 2951), n° 2555 — Saint-Morys — Saisie des Emigrés. Inventaire 25199.

Bibl. Guiffrey et Marcel, IV, n° 2208 — Vallery-Radot, 1953, pl. 82, p. 199 — Weigert, III, p. 477, n° 13 — Bacou et Bean, 1960, n° 41, pl. VIII.

Etude pour la partie inférieure d'une gravure en sens inverse, dont un des états porte l'inscription : *Chapperon invent. et pinxit — Guerineau exc.* Elève de Vouet, Chaperon suivra Nicolas Poussin à Rome en 1642 ; l'œuvre dessiné reflète ces influences successives (Sterling, 1960 ; Rosenberg, 1982).

156) ; la seconde, *La toilette de Vénus* ou peut-être plus précisément *La Tintura della Rosa,* Vénus faisant colorer la rose du sang de son amant Adonis, présentait un schéma semblable à celui du dessin ici exposé, certaines figures étant parfois inversées. A. Blunt en concluait que Du Fresnoy avait utilisé des modèles dessinés par Poussin ; pour la *Toilette de Vénus,* il suggérait même qu'il aurait pu exister un deuxième dessin du maître, plus proche encore de la composition peinte et que Du Fresnoy aurait pu copier. Insistant sur la différence de facture entre le dessin du Louvre et celui conservé à Bayonne, A. Blunt datait le premier de 1629-1630 et le second d'une date proche de 1647 ; ce qui implique que Du Fresnoy avait accès à l'atelier de Poussin ou ses entrées dans l'entourage du maître. La solution proposée par J. Thuillier en 1983 paraît beaucoup plus simple : dessins et peintures seraient tous de la main de Du Fresnoy ; sous son attribution nouvelle, le dessin du Louvre est ici exposé. Les «propositions» de J. Thuillier paraissent toutefois ne pas tenir compte des sensibles différences de facture, et particulièrement entre ce dessin en rapport avec *La Toilette de Vénus* et celui ayant servi exactement de modèle pour son pendant, *Vénus débarquant à Cythère.*

Pierre Mignard

Troyes 1612 - Paris 1695

108 Le sommeil d'Herminie troublé par l'Amour

Plume et encre brune, lavis brun sur esquisse à la sanguine. H. 0,215 ; L. 0,162. Annoté en bas à gauche, à la pierre noire : *Mignard.*

Hist. Probablement Saint-Morys — Saisie des Emigrés. Inventaire 31018.

Bibl. Guiffrey, Marcel et Rouchés, n° 10074 — Boyer et Brejon de Lavergnée, 1980, p. 235, note 2, fig. 7.

J.-C. Boyer et A. Brejon viennent de proposer de reconnaître ici un projet de P. Mignard pour l'une des seize peintures commandées par le maréchal d'Estrées, alors ambassadeur de France à Rome. Par contrat, le 20 mai 1639, il charge l'Italien Giacinto Gimignani et les Français François Perrier, Charles Errard, Pierre Lemaire et P. Mignard, d'illustrer ainsi des épisodes de la *Jérusalem délivrée* du Tasse (Fischer Pace, 1978, pp. 348-349). Ce dessin paraît être en rapport avec le sujet du quinzième tableau, *La fuite d'Herminie.* Proche des croquis à la plume de F. Perrier, la facture est celle des

108

projets de compositions vraisemblablement conçues par P. Mignard durant son long séjour en Italie, de 1635 à 1656, telles que *Faustinus apportant Rémus et Romulus, Auguste et la Sibylle de Tibur* ou la *Mort de Lucrèce* (Inventaire 31055 à 31060), dessinées selon les mêmes techniques mêlées. La commande du maréchal d'Estrées est la plus importante passée alors à de jeunes artistes français séjournant à Rome pour s'y former, seul Perrier le plus âgé d'entre eux,

bénéficiant déjà d'une renommée certaine. La fonction du commanditaire explique en partie ce choix ; le thème peut en avoir été inspiré par N. Poussin qui peu auparavant avait composé plusieurs fois sur des épisodes tirés du Tasse (Thuillier, 1974, n⁰ˢ 57, 99, 102). Quatre des seize peintures de cet ensemble, ayant servi au décor de la galerie de l'hôtel de La Ferté-Sennecterre, ont été retrouvées par U. Fischer Pace, J.-C. Boyer et A. Brejon.

109 *Etudes de femme et d'enfant*

Sanguine, rehauts de blanc, sur papier bleu. H. 0,266 ; L. 0,401. Au verso, études de femme tenant l'enfant, à la sanguine.

Hist. Atelier de P. Mignard — Entré dans le Cabinet du Roi en 1695. Inventaire 31038.

Bibl. Guiffrey, Marcel et Rouchès, n⁰ 10027 — Boyer et Macé de Lépinay, 1981, p. 70, note 7, fig. 10.

Les diverses études du « bambino » figurant sur ce dessin, sont préparatoires à une *Vierge et l'Enfant,* gravée en sens inverse, à Rome, par F. de Poilly d'après P. Mignard (Boyer et Macé de Lepinay, 1981, fig. 2 ; peinture à Nancy, Musée des Beaux-Arts ; id., fig. 5). Le naturel de ces croquis prouve d'évidence que Mignard avait ce petit modèle et sa mère sous les yeux ; les silhouettes de ce groupe, esquissées dans diverses attitudes au verso de cette feuille, en apportent une preuve supplémentaire. Le Louvre conserve aussi un dessin pour la tête de la Vierge telle qu'elle apparaît sur la gravure (Inventaire 31101 ; id., fig. 6). J.-C. Boyer et

109

F. Macé de Lepinay ont démontré que les gravures de Poilly d'après ces compositions de Mignard que, dès 1730, l'abbé de Monville appelait «Les Mignardes», avaient servi de modèles à Sassoferrato (1609-1685); aux célèbres exemples (Pérugin, Raphaël) utilisés par l'Italien, s'ajoute son cadet champenois. La facture de cette étude est proche de celle d'un jeune Bourguignon, installé depuis peu à Rome, vers 1650, Guillaume Courtois (voir nᵒˢ 151 et 152). Leurs dessins revèlent combien ces jeunes artistes français étaient sensibles à Pietro da Cortona au moins autant qu'à N. Poussin.

François Chauveau

Paris 1613 - Paris 1676

110 *Le Christ au Mont des Oliviers*

Plume et encre brune, lavis gris. H. 0,100; L. 0,217.

Hist.   P.-J. Mariette (L. 1852); vente, Paris, 1775, partie du nᵒ 1191 — Acquis pour le Cabinet du Roi. Inventaire 25231.

Bibl.   Reiset, 1869, nᵒ 681 — Guiffrey et Marcel, III, nᵒ 2263 — Roussel, 1934, nᵒ 292 T — Bacou et Bean, 1960, nᵒ 44.

Chauveau a à son actif près de trois mille pièces gravées, dont beaucoup sont l'illustration de textes littéraires; il était en effet lié avec le milieu des Précieux et des écrivains comme Benserade, Scarron ou Mlle de Scudéry. Son œuvre dessiné est cependant assez rare: en dehors des quelques feuilles du Louvre, du fonds de la Bibliothèque Nationale à Paris, d'un dessin

d'une collection particulière parisienne préparatoire pour une gravure du tome II du roman de La Calprenède et Vaumonière, *Faramond, ou l'histoire de France* (vente Paris, Palais Galliera, 25-5-1976, nᵒ 3, repr., attribué à Sébastien Leclerc), et d'une autre vignette pour le tome IX du même roman, conservée au Louvre (Inventaire 25229 bis), il faut citer une suite de dessins à Stockholm (Bjürström, 1976, nᵒˢ 302-316, repr.) dont une étude caractéristique pour l'une des illustrations de *Clovis ou la France chrétienne* de Desmarets de Saint-Sorlin (1657; Bjürström, 1976, nᵒ 302). Les figures de ces divers dessins préparatoires à des gravures d'attribution certaine, présentent un aspect synthétique et haché, des visages brutalement définis d'un ovale ou d'une croix pour figurer les traits, des bras souvent terminés par des sortes de moignons.

Dans ce dessin gravé par l'artiste lui-même (Weigert, II, nᵒ 32, p. 400), décrit dans le catalogue de la vente Mariette comme «d'un effet très piquant», l'influence du maître de Chauveau, Laurent de La Hire, est sensible dans le traitement hachuré du paysage, d'une étonnante liberté (à comparer à une étude de paysage par La Hire, provenant de la collection Chennevières et conservée dans la donation Baderou au Musée de Rouen, Inventaire 975-4-635; Thuillier, 1980, pp. 28-29, fig. 13 et note 51, et Prat, 1980, p. 135, nᵒ 9). Il faut noter que le dessin de Chauveau présenté ici se trouvait sur le même montage que la *Dame debout dans un parc, lisant une lettre* (Louvre, Inventaire 25230), au moment de la vente Mariette et qu'il en fut malheureusement séparé par la suite, ce qui a provoqué la disparition du cartouche.

110

111

volume soutenu par l'homme de dos, le dessin préparerait la figure de Simon de Cyrène. Le mouvement démultiplié par les esquisses de détails, qui, gravitant autour du motif complet, en donnent une analyse «atomisée», les volumes épannelés par une ligne assez tendre, les drapés côtelés d'ombre par des hachures plutôt douces font que cette feuille tranche sur l'habituelle componction du style de Daret, qui d'ordinaire fait songer à Champaigne, pour rallier le solide équilibre, d'un ton presque romain, d'un Nicolas Mignard. Il s'agit là d'un témoin unique au Louvre de l'art de Daret; à moins qu'il ne faille rendre à celui-ci une étude de plafond, recto-verso, jusqu'alors classée aux Anonymes français (Inventaire 33923).

Pierre Le Tellier

Vernon 1614 - Rouen, après 1680

112 *Vierge et Enfant*
adorés par saint Michel et sainte Catherine

> Plume et encre brune, sanguine et pierre noire. H. 0,574; L. 0,345. Mis au carreau à la sanguine. Forme cintrée en haut, à la plume. Annoté à la plume et encre brune, en bas à gauche: *M*ʳ *Le Telier P.*
>
> Hist.   Guichardot — Ph. Chennevières (L. 2073); vente, Paris, 4-7 avril 1900, n° 311 — Deglatigny (L. 1768); 4ᵉ vente, Paris 4 et 5-11-1937, n° 253 — J. Dupont; don en 1938. Inventaire RF 29091.
>
> Hist.   Chennevières, 1887, p. 16; 1894-1897, V. (janvier 1895), pp. 21-24, repr. face à la p. 22 (pp. 62 à 66 de la numérotation continue, cf. Prat, 1979).

Dans la description de sa collection publiée dans l'*Artiste,* Chennevières, le plus grand connaisseur du dessin français au XIXᵉ siècle, et notamment des artistes provinciaux, se montre particulièrement enthousiaste pour cette grande feuille, qu'il qualifie de «merle blanc de mes dessins provinciaux». Les dessins de cet artiste normand (comme Chennevières), cousin de Poussin et qui étudia auprès de lui à Rome avant de revenir s'établir à Rouen, sont en effet rarissimes. Il n'est cependant pas possible de mettre cette étude en rapport avec un tableau de l'artiste (Rosenberg, 1966, pp. 82-89, n°ˢ 67 à 78, où l'on retrouve les mêmes figures solides et lourdes aux visages fortement réalistes). Chennevières insiste sur la «gravité d'esprit» et

Jean Daret

Bruxelles 1613 ou 1615 — Aix-en-Provence 1668

111 *Homme agenouillé, de dos*

> Sanguine. H. 0,413; L. 0,275. Annoté en bas à droite à la pierre noire: *Daret.* Au verso, de même technique: études pour un bras, une main et la tête de la même figure.
>
> Hist.   P. Gaubert — Acquis en 1984. Inventaire RF 40957.
>
> Bibl.   Rosenberg, 1978, n° 77, p. 51, repr. (recto).

Justement attribuée à Daret par l'annotation, cette feuille, l'une des plus éminentes de l'artiste et assurément la plus remarquable de l'œuvre graphique présenté à Marseille en 1978, a été mise en relation, dubitativement, avec un *Portement de Croix* aujourd'hui disparu (Rosenberg). Cette peinture de 1640 appartenait au milieu du siècle dernier au chanoine Topin et se trouverait encore dans une collection aixoise (Rosenberg, 1978, p. 172). Plutôt que le Christ portant sa croix (Rosenberg), et pour autant qu'il soit possible d'identifier au bras de la Croix le

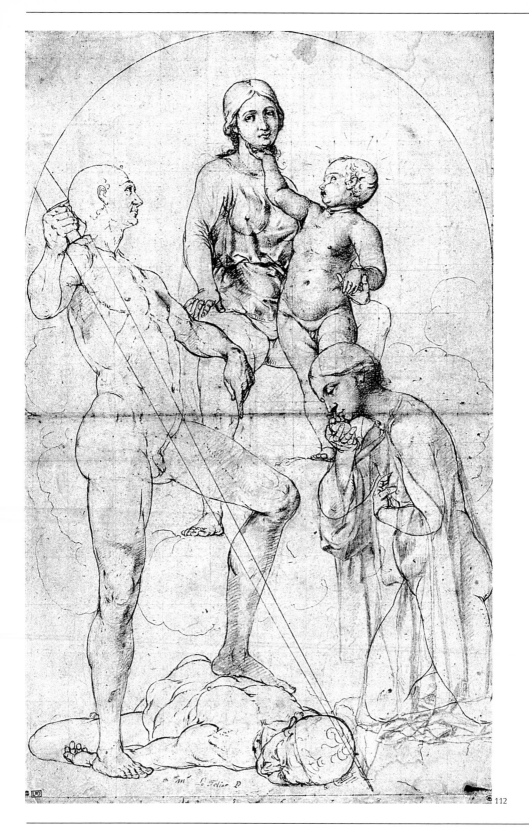

«l'austère conception des sujets sacrés» que Le Tellier partage ici avec Poussin, tout en notant combien la mise en place «se rapproche de dispositions très simples des plus anciens maîtres italiens». Quant à la solidité des corps, étudiés nus avant d'être vêtus, selon le précepte de la Renaissance italienne, il y voit l'expression d'une nature «saine, forte, bien nourrie, alerte, bien jambée; encore osé-je dire ???... et point une autre».

Thomas Blanchet

Paris 1614 - Lyon 1689

113 Allégorie de l'union de Lyon et de Rome

Plume et encre brune, lavis brun et gris, avec rehauts de blanc. H. 0,307; L. 0,410. Mis au carreau à la pierre noire.

Hist. P.-J. Mariette (L. 1852) montage avec cartouche THOMAS BLANCHET; vente, Paris, 1775, partie du n° 1088 — Acquis pour le Cabinet du Roi. Inventaire 23786.

Bibl. Rosenberg, 1971 et 1976, fig. 18 et p. 89 (avec Bibl.) — Galacteros, 1970, p. 105; 1973, pp. 224 et 227; 1975, pp. 325 et 329; 1980, p. 33 et note 47.

Formé à Paris chez le sculpteur Sarrazin, lié avec Poussin, Du Fresnoy, Mignard et aussi Sacchi et l'Algarde à Rome, de 1647 à 1655, Blanchet joua ensuite à Lyon un rôle presque comparable à celui de Le Brun à Paris et à Versailles.

Cette allégorie a été diversement interprétée. Elle concerne Lyon: cette ville est vue ici de l'autre côté d'un cours d'eau, au pied d'une colline; le miroir reflétant le soleil est une allusion à la signification de son ancien nom latin: *Lucisdunum,* colline de la lumière; les bâtiments sont les ruines du temple élevé par Auguste et celles de l'amphithéâtre. A gauche, des druides rappellent que Lyon est le siège du Primat des Gaules. La signification des deux femmes s'embrassant sous l'égide de Mercure, est controversée. Elle fut comprise comme figurant *La Réunion de Lyon à la France* par analogie de composition avec ce sujet peint par Blanchet entre 1656 et 1658 au plafond de la grande salle de l'Hôtel de Ville de Lyon, et gravée par C. Lauwers pour *L'Eloge historique de la ville de Lyon* du P. Ménestrier (S.J.), paru en 1669. L. Galacteros (1970) en publia les sources , un autre texte de Ménestrier, *Relation de l'Entrée... de Flavio Chigi,* donnant le sujet «La France et Rome qui s'embrassent par l'entremise de Mercure envoyé du Ciel» — Mercure étant aussi une allusion aux consuls de la ville, enrichis par le commerce. Ce sujet était «un grand tableau... bas-relief peint en camaïeu» — d'où les rehauts évoquant les grisailles, largement employés ici. «Un dessin souvenir... fait en hâte», envoyé par Blanchet à son ami Canini, est conservé aujourd'hui au Vatican. Il montre l'élévation de cet arc de triomphe dressé pour l'entrée du légat du pape, le cardinal Chigi, à Lyon, le 3 juillet 1664 et l'emplacement du «grand tableau» dont le

113

dessin exposé conserve la composition; la lecture en serait: «La réconciliation de la France et de Rome.» (Galacteros, 1972, pp. 131-132). N. Loach a récemment suggéré une interprétation un peu différente (comm. orale; thèse en cours de publication). Le sujet serait «l'union de Lyon et de Rome»; la ville à droite figurant l'une et l'autre de ces cités d'où émane la lumière, situées toutes deux aux bords d'un fleuve et ornées de souvenir de l'Antiquité. Cette composition serait aussi une allégorie du rôle joué par les Jésuites, fondés à Rome et fortement implantés à Lyon; les intentions politiques de l'archevêque, Mgr Camille de Neuville, et de son frère, le maréchal de Villeroi, gouverneur de la ville, y seraient sous-jacentes.

Gaspard Dughet

Rome 1615 - Rome 1675

114 Plaine boisée et rivière

Plume et encre brune, lavis brun. H. 0,115; L. 0,285. Bande rapportée dans la partie supérieure: H. 0,012.

Hist.   P.-J. Mariette (L. 1852) — Th. Dimsdale (L. 2426, verso) — R.S. Holford (L. 2243) — W. Gay; don en 1938; marque du Musée (L. 1886). Inventaire RF 29015.

Bibl.   F.B., IV, 1963, n° 273, pl. 217 (Poussin) — Chiarini, 1969, p. 753, fig. 51 (Dughet) — Bacou, 1978-3, n° 92 — Boisclair, 1978, II, p. 244, D. 19.

Etude pour la *Vision d'Elie* (*Rois*, IV, 2, V, 11), fresques à San Martino aï Monti, à Rome (Chiarini, 1969, fig. 49). Première commande importante faite à Dughet, la date de cette décoration a fait l'objet de controverses (Suther-

land-Harris, 1964, pp. 58 et suiv.; Boisclair, 1976, pp. 29 et suiv.; Heidman, 1980, pp. 540 et suiv.). On peut raisonnablement fixer leur exécution entre 1647 et 1651. Ce dessin, comme le suivant (n° 115), montre la prédilection de Dughet pour la campagne romaine. Outre une extrême solidité dans la construction des différents plans du paysage, on note un aspect plus «romantique», avec le jeu mouvant des nuages et le groupe d'arbres à droite dont les feuilles semblent agitées par le vent.

115 Paysage avec cascade

Plume et encre brune, lavis brun. H. 0,112; L. 0,285.

Hist.   P.-J. Mariette (L. 1852); vente, Paris, 1775, partie du n° 1332 — Nils Barks — Thibaudeau — Maurel — Ph. de Chennevières (L. 2072); vente, Paris 4-7 avril 1900, n° 412 — G. Lafenestre — Acquis en 1923. Inventaire RF 5892.

Bibl.   Chennevières, 1894, I, p. 93 (p. 14 de la numérotation continue, cf. Prat, 1979, *Poussin*) — Chiarini, 1969, p. 753, fig. 47 (*Dughet*) — Bacou, 1978, 3, n° 93 — Boisclair, 1978, II, p. 244, D. 18.

Etude préparatoire pour l'*Ange apparaissant à Elie* (*Rois*, III, 19), fresque à San Martino aï Monti (Chiarini, 1969, fig. 48). Ce dessin est caractéristique de la première période de l'artiste. L'influence de son beau-frère Poussin se fait encore sentir en particulier dans la technique. L'emploi du lavis brun, utilisé en à-plats pour indiquer les plans et les lointains, assure une architecture solide à cette esquisse très libre. Avec ce dessin, Dughet nous donne une vue synthétique et grandiose d'un paysage, sans doute inspiré de la vallée du Tibre, au pied du mont Soracte.

114

115

Maître du papier bleu

Mileu du XVIIe siècle

116 *Rives du Tibre*

Plume et encre brune, lavis brun, avec rehauts de
blanc, sur papier bleu. H. 0,105 ; L. 0,198.

Hist. M. de Fries (L. 2903) — T. Lawrence (L. 2445) —
Acquis en 1836 par W. Esdaile (L. 2617) — B. White
(L. 2592) — J.-P. Heseltine (L. 1507) — Colnaghi en
1913 — Don de la Société des Amis du Louvre en
1920. Inventaire RF 4568.

Bibl. Röthlisberger, 1965, n° 29 — Knab, 1971, p. 378 —
Bacou, 1978-3, n° 63.

Ce dessin, représentant une vue imaginaire de
Rome avec le Castel Angelo dans le lointain,
appartient à un groupe de dessins sur papier
bleu dont le Cabinet des Dessins possède
plusieurs exemples classés actuellement à
Claude Gellée (RF 845, RF 4567, RF 4569).
Soixante feuillets bleus, provenant certainement

d'un carnet de croquis, ont été répertoriés par
M. Röthlisberger dans différentes collections et
musées. Il semble que l'artiste ait eu accès à
l'œuvre de Claude, car cette étude et un autre
dessin de la même main, *Vue du Tibre* (Londres,
collection A. Oppé ; Röthlisberger, 1965, n° 11)
sont proches de deux dessins de Claude (Röthlisberger, 1968, n°s 11 et 115). La provenance de
cette feuille montre que depuis le XVIIIe siècle les
plus grands collectionneurs ont été séduits par
les qualités de ce dessin. Le motif de la rive
boisée du fleuve occupe audacieusement toute la
composition ; la ville, repoussée dans le lointain
devient anecdotique et irréelle. Le lavis brun
transparent laisse toute son importance au trait
libre et précis de la plume. M. Röthlisberger
(1965) a attribué ce dessin à un artiste autour de
Grimaldi ; E. Knab (1971) a repris l'attribution
traditionnelle à Claude. Il reste que le « Maître
du papier bleu » est un artiste à la personnalité
attachante, ayant travaillé à Rome vers les
années 1650.

116

117

Eustache Le Sueur

Paris 1616 - Paris 1655

117 Abraham éloignant Agar et Ismaël

Pierre noire. H. 0,214 ; L. 0,180.

Hist. Paraphe non identifié (L. 2951 et n° 2719) — Probablement Saint-Morys — Saisie des Emigrés. Inventaire 30658.

Bibl. Montaiglon, 1852, p. 81 — Guiffrey et Marcel, IX, n° 9174 — Rouchès, 1923, p. 61 — Bacou et Bean, 1960, n° 57, pl. IV.

Première pensée pour une composition peinte pour «Le Sieur Héron demeurant près du Grand Chatelet» (Guillet de Saint-Georges, p. 32, publ. par Dussieux, 1852, p. 56), connue par la gravure de Louis Surugue, datée de 1711, présentant d'assez nombreuses variantes. La vigueur de ce premier jet contraste avec le soin que Le Sueur eut de plus en plus au cours de sa brève carrière, de modeler les volumes dans ses études de figures et son souci d'une perspective très précise dans ses études d'ensemble. La liberté de facture rend encore plus évidente la simplicité de la composition ; tout est dit sur ce sujet par les mouvements et la mise en place des personnages — la silhouette esquissée au deuxième plan, placée au centre, en situation dominante, étant celle de Sara, femme du patriarche.

118 Saint Bruno enseigne la théologie

Pinceau et lavis brun, sur esquisse à la pierre noire. H. 0,337 ; L. 0,228, haut cintré. Numéroté en haut, au centre, plume et encre brune : 30.

Hist. Voir notice — Acquis pour le Cabinet du Roi en 1776. Inventaire 30721.

Bibl. Guiffrey et Marcel, IX, n° 9254.

En tête de cet album figure l'inscription suivante : « Desseins et études d'Eustache Le Sueur pour la vie de saint Bruno, peinte dans le petit cloître des Chartreux de Paris. Ces tableaux, qui dépérissaient à cause de l'humidité du lieu, viennent d'être donnés au roy par les Chartreux, en 1776. Sa Majesté a bien voulu les accepter à dessein de les faire restaurer. Il faut espérer que l'habile artiste qui sera chargé de cette opération aura le même succès que Carle Maratte, qui restaura les peintures de Raphaël au Vatican. Cette précieuse collection de dessins avait été

118

119

formée, à Paris, par Francanzani, parent et élève de Salvator Rosa. M. Crozat en fit l'acquisition, dont il enrichit son célèbre cabinet de desseins; après son décès, ils furent acheptés à sa vente, en 1741, par M. le marquis de Gouvernet, à la mort duquel, arrivée en 1774, M. Paillet, peintre et marchand de tableaux, s'en rendit adjudicataire. Enfin ils sont passés entre les mains de M. Lebrun, peintre, qui, touché de la manière négligée dans laquelle ces desseins étaient toujours demeurés entre les mains des premiers possesseurs, les a confiés au sieur Glomy pour les arranger et ajuster afin de conserver à la postérité les savantes pensées d'un ouvrage qui a immortalisé le célèbre Le Sueur et a fait tant d'honneur à l'Ecole française. Il est aisé de voir, dans ces études, le goût simple, correct et majestueux, qui rend cet excellent peintre si semblable au fameux Raphaël, qu'on le croirait plutôt sorti de l'Ecole de ce grand maître que celle du Vouet; cependant on aperçoit dans ses desseins le maniement du crayon ferme et plein d'effet qu'il tenoit de son maître, en s'écartant de son goût de composition souvent trop maniéré. Le Sueur commença le cloître des Chartreux en 1645 et le finit en 1647, agé de vingt-huit ans.»

119 Femme drapée, à genoux

Pierre noire, avec rehauts de blanc, sur papier gris. H. 0,380; L. 0,278. Annoté en bas, vers la gauche, pierre noire: *Le Sueur.*

Hist.   Entré avant 1827. Inventaire 30644.

Bibl.   Montaiglon, 1852, p. 98 — Guiffrey et Marcel, IX, n° 9172 — Rouchès, 1923, p. 65 — Bacou et Bean, 1960, n° 58 — Blunt et Vitzthum, 1964, p. 295 — Mérot, 1984, sous le n° 39.

L'étrangeté de cette étude bicéphale s'explique par une réutilisation de ce modèle dans deux compositions. Le Sueur dessina d'abord cette figure, le visage de profil et tourné vers la gauche: elle apparaît ainsi dans *Moïse exposé* (Leningrad, Ermitage). Le dessinateur l'a réutilisé pour *Saint Pierre ressuscitant Dorcas* (voir n° suivant), modifiant le geste du bras gauche et l'attitude de la tête détournée et inclinée vers la droite: ainsi apparaît le geste accablé de la femme agenouillée à droite du lit funèbre. L'esquisse de draperie à gauche est celle du bras droit, reposant contre ce lit, et dont la main est dessinée en reprise, dans l'angle inférieur. Cette réutilisation d'une étude antérieure a été jugée insuffisante par l'artiste quand il décida de modifier la première pensée de cette composition (Inventaire 30389). Sur la toile, un enfant surgit à droite et se presse contre sa mère éplorée: ce groupe fut l'objet d'un des plus beaux dessins de Le Sueur conservés à Besançon (Mérot, 1984).

120 Etude pour La Résurrection de Dorcas

Pierre noire, avec rehauts de blanc, sur papier gris. H. 0,560; L. 0,417.

Hist.   P.-J. Mariette; vente, Paris, 1775, n° 1370 — Probablement Saint-Morys — Saisie des Emigrés. Inventaire 30656.

Bibl.   Montaiglon, 1852, p. 104 — Guiffrey et Marcel, IX, n° 9196 — Blunt et Vitzthum, 1964, pp. 293-296 — Méjanès, 1967, n° 245.

Pour l'église Saint-Etienne-du-Mont où il s'était marié en 1644 et sera enseveli en 1655, Le Sueur peignit en 1647 un grand tableau d'autel, *Saint Pierre ressuscitant Dorcas,* une veuve charitable de la communauté déjà convertie au christianisme, à Lydda ou Joppe (*Actes des Apôtres,* IX, 36-43); cette peinture est aujourd'hui conservée à Toronto et son historique a pu être établi grâce à une inscription figurant au verso d'un projet

120

dessiné (Louvre, Inventaire 30839). On en voit ici la partie centrale : le lit funèbre et une femme drapée, tels que dans la composition définitive — où l'homme penché fut remplacé par une femme et un enfant. La figure au deuxième plan, ici à peine esquissée, a été reprise dans une étude où Le Sueur l'a dessinée faisant un geste exprimant la générosité de Dorcas (Inventaire 30670). Le dessin précédent et cette spectaculaire étude sont des exemples significatifs de la démarche de l'artiste : premières idées de compositions, études de figures isolées — celle pour saint Pierre debout fit partie aussi de la collection Mariette et a été réidentifiée au Musée des Beaux-Arts de Lyon (Méjanès, 1967) — études de groupes peu à peu assemblés, il n'est pas d'étapes de son travail dont Le Sueur n'ait rendu compte par un dessin.

121 Homme debout

Pierre noire, avec rehauts de blanc, sur papier gris. H. 0,422 ; L. 0,240. Annoté en bas à gauche, plume et encre noire : *Eustache le Sueur*.

Hist.   J.-D. Lempereur (L. 1740) ; vente, Paris, 1773 — Saint-Morys — Saisie des Emigrés. Inventaire 30676.

Bibl.   Montaiglon, 1852, p. 103 — Guiffrey et Marcel, IX, n° 9201.

Etude pour le compagnon de saint Paul montrant le bûcher où brûlent les mauvais livres dénoncés par l'apôtre dans sa prédication : *Saint Paul à Ephèse* est le sujet du May peint par Le Sueur en 1649 (voir n° 88 ; remis en place à Notre-Dame de Paris ; Rouchès, 1923, p. 98, pl. IX ; Auzas, 1949, p. 183). Sur la même feuille, l'artiste a plus précisément et successivement décrit le profil, ici imberbe, les mains, celle de gauche serrant la draperie, et l'aplomb des pieds. Ce May est l'une des plus ambitieuses composition de Le Sueur et le fit considérer «comme l'égal de Raphaël». L'élaboration en fut longue : en témoignent plusieurs esquisses peintes et de très nombreux dessins dont sept sont conservés au Louvre.

122 Etudes d'homme

Pierre noire, avec rehauts de blanc, sur papier gris. H. 0,413 ; L. 0,253.

Hist.   Entré avant 1827. Inventaire 30643.

Bibl.   Montaiglon, 1852, p. 104 — Guiffrey et Marcel, IX, n° 9204 — Sapin, 1978, p. 253, note 19.

Selon la pratique née dans les académies italiennes, Le Sueur dessinait le modèle nu avant de l'étudier drapé. Le mouvement, fait ici par

121

122

l'un des bourreaux de saint Laurent, arrachant le drap qui couvre encore le jeune martyr que d'autres placent sur le gril, est décrit de manière anatomique. Ce dessin paraît avoir été précédé d'une étude à la facture plus brutale (Louvre, Inventaire 30691). Comme il le fit souvent, l'artiste a d'abord dessiné le visage de profil, puis l'a repris en le détournant et l'inclinant (voir n°ˢ 119 et 124) ; il apparaît ainsi sur la ¡peinture récemment retrouvée en Angleterre (Sapin, 1978, fig. 10). Pour *Le Martyre de saint Laurent* exécuté pour une des chapelles de Saint-Germain-l'Auxerrois, probablement après 1650, Le Sueur a multiplié les études de figures nues ; cinq sont conservées au Louvre, d'autres à l'Albertina ainsi qu'à l'Ermitage. Cette pratique s'accentua chez Le Sueur au moment même où se développa l'enseignement de l'Académie royale de Paris, fondée en 1648.

A l'emplacement initialement prévu pour l'urne, subsiste encore le tracé léger qui montre la finesse du trait utilisé pour la mise en place des figures qu'il modelait ensuite, peu à peu, décrivant sobrement les volumes à la pierre noire rehaussée de craie blanche. Cette attitude, avec d'importantes variantes dans le visage et les draperies est celle de la figure centrale de *Néron faisant déposer les cendres de Germanicus* (Hampton court ; Rouchès, 1923, p. 53). Le Louvre conserve deux études de composition sur un autre sujet funèbre, *Darius faisant ouvrir le tombeau de Nitocris* (Inventaire 30825 et 30827), pour lesquelles Le Sueur a utilisé un schéma identique à celui de *Néron*. Vues de profil, comme dans une frise, les figures principales se font face, en avant d'un tombeau placé en diagonale pour créer les lignes d'une perspective.

123 Figure debout drapée tenant une urne

Pierre noire, avec rehauts de blanc, sur papier gris. H. 0,415 ; L. 0,235.

Hist.   Saint-Morys — Saisie des Emigrés. Inventaire 30688.

Bibl.   Guiffrey et Marcel, IX, n° 9166 — Rosenberg, 1973, p. 52.

Le Sueur semble avoir modifié l'attitude de ce personnage au cours de l'exécution de ce dessin.

124 La muse Clio

Pierre noire, avec rehauts de blanc, sur papier gris. H. 0,385 ; L. 0,285.

Hist.   Saint-Morys — Saisie des Emigrés. Inventaire 30692.

Bibl.   Montaiglon, 1852, p. 107 — Guiffrey et Marcel, IX, n° 9158 — Dimier, 1927, pl. XX — Vallery-Radot, 1953, pl. 90, p. 201 — Bacou et Bean, 1960, n° 54 — Duclaux, 1968, n° 29 — Rosenberg Henderson, 1974, p. 564, note 43 — Mérot, 1983-1984, p. 146.

Etude préparatoire pour la muse de l'Histoire

123

124

tenant le livre de la Mémoire et la trompette de la Renommée ; la composition peinte la montre le visage incliné et vu de face, en compagnie de Thalie, esquissée ici à droite, et d'Euterpe. C'est en 1652 que Le Sueur reçut commande du décor de la Chambre des Muses de l'hôtel Lambert (Babelon, 1972 ; Rosenberg Henderson, 1974). Patel et Perrier y furent ses collaborateurs. Comme la suite sur la *Vie de saint Bruno,* (voir n° 118), les peintures de la Chambre des Muses furent acquises sous Louis XVI (Louvre, Inventaire 8057 à 8062 ; Rosenberg, Compin, Reynaud, 1974, n°s 531 à 536). Chacune des neuf sœurs a dû être l'objet d'études particulières : Polymnie (avec Calliope au verso) et Terpsichore sur des feuilles conservées à l'Ecole nationale supérieure des Beaux-Arts (Brugerolles, 1981, n°s 135 et 136) ; un dessin pour Uranie fait partie des collections du Musée Condé à Chantilly (Inventaire 286).

125 L'Adoration des bergers

Pierre noire, plume et encre grise, lavis gris-brun. H. 0,365 ; L. 0,225. Mis au carreau à la pierre noire. Nombreuses indications de proportion en pieds et pouces, à la plume et encre brune.

Hist. Voir n° 124. Inventaire 30697.

Bibl. Montaiglon, 1852, p. 84 — Guiffrey et Marcel, IX, n° 9189 — Rosenberg, 1971, pp. 100-101, note 5.

Etude de mise en place pour la dernière des œuvres documentées de Le Sueur, commandée en novembre 1653 par les Pères de l'Oratoire pour l'église Sainte-Marguerite de la Rochelle et livrée en mars 1655, un mois avant la mort de l'artiste. Cette composition, si soigneusement annotée, présente néanmoins quelques variantes, avec la toile aujourd'hui conservée au Musée des Beaux-Arts de La Rochelle (Moisy et Carrier, 1974, pp. 48-49). La composition de format rectangulaire, horizontal, conservée au Louvre (Inventaire 30655) pourrait être selon G. Rouchès, une première pensée pour cette commande (1923, pp. 111-113).

126 Vierge et Enfant

Pierre noire, avec rehauts de blanc, sur papier gris. H. 0,352 ; L. 0,216.

Hist. P.-J. Mariette (L. 1852) ; vente, Paris, 1775, partie du n° 1367 — Acquis pour le Cabinet du Roi. Inventaire 30669.

Bibl. Montaiglon, 1852, p. 101 — Guiffrey et Marcel, IX, n° 9186.

Etude pour la Vierge présentant l'Enfant aux bergers (voir n° précédent).

125

126

127

127 Homme agenouillé

Pierre noire, avec rehauts de blanc, sur papier gris.
H. 0,283 ; L. 0,294.

Hist.　Saint-Morys — Saisie des Emigrés. Inventaire 30678.

Bibl.　Montaiglon, 1852, p. 100 — Guiffrey et Marcel, IX,
　　　　n° 9176 — Bacou et Bean, 1960, n° 55 — Bjurström,
　　　　1976, n° 536 — Sapin, 1978, pp. 249 et 252, note 47
　　　　— Mérot, 1983-1984, sous n° 158.

Etude pour l'un des bergers de l'*Adoration,* (voir
n° précédent). Le Sueur fit de la tête, une étude
plus poussée (Vienne, Albertine, inventaire
11666 ; Mérot, 1983-1984, n° 158).

128 Berger tenant une femme par la main

Pierre noire, avec rehauts de blanc, sur papier gris.
H. 0,412 ; L. 0,281. Annoté en bas, à droite, pierre
noire : *Le Sueur.*

Hist.　Voir n° précédent. Inventaire 30684.

Bibl.　Montaiglon, 1852, p. 100 — Guiffrey et Marcel, IX,
　　　　n° 9211 — Sapin, 1978, pp. 249, 252, 254.

Ce groupe n'apparaît pas dans l'étude
d'ensemble ici exposée (voir n° 125) ; il figure au
deuxième plan, à gauche, dans la peinture
conservée à La Rochelle. P. Rosenberg (1971) et
P. Bjurström (1976) ont publié d'autres études
de figures pour cette même composition, conservées à Stockholm et Brême.

129 Allégorie de la monarchie française

Pierre noire. H. 0,286 ; L. 0,202. Mis au carreau à la
sanguine.

Hist.　Voir n° précédent. Inventaire 30663.

Bibl.　Montaiglon, 1852, p. 96-97 — Guiffrey et Marcel, t.
　　　　IX, n° 9169 — Rosenberg Henderson, 1970, p. 217 —
　　　　Kaposy, 1974, p. 92.

« *M. Le Sueur a fait au Louvre plusieurs tableaux
de sa dernière manière, correcte et gracieuse. M. le
Camus qui était alors Surintendant des Bâtiments
employa M. Le Sueur pour un grand tableau qui fut
placé dans la chambre du Roi. Il représentait sous
des figures allégoriques la Monarchie Française
appuyée sur un globe couronné. La Justice et la
Valeur donnaient la fuite aux ennemis de la France,
et la Renommée en publiait les avantages.* » (Guillet
de Saint-Georges, publ. par Dussieux, 1852, p. 9
à 11). Une seconde étude aussi mise au carreau,
est conservée au Louvre (Inventaire 30662) ; la
composition en est très proche mais certaines
figures n'y apparaissent pas, en particulier le
char du Soleil que l'on voit ici, image associée
peut-être pour la première fois, au jeune Louis

128

129

Bibl.   Mariette, *Abecedario,* I, p. 170 — Ponsonailhe, 1886, p. 290 — Guiffrey et Marcel, II, n° 1631, repr. — Vallery-Radot, 1953, p. 199, pl. 80 — Bacou et Bean, 1960, n° 49 — Méjanès, 1967, n° 216 — Duclaux, 1968, n° 28, repr. — Bordeaux, 1979, pp. 30-31, fig. 47-48.

131 Martyre de saint Pierre

Plume et encre brune, lavis brun, sur traits à la pierre noire. H. 0,324 ; L. 0,238. Annoté au verso, à la plume et encre brune : *26;* à la pierre noire : *993.*

Hist.   Voir n° 130. Inventaire 24992.

Bibl.   Mariette, *Abecedario,* I, p. 170 — Ponsonailhe, 1886, p. 290 — Guiffrey et Marcel, II, n° 1632.

A l'occasion du 5e centenaire du « May » de Notre-Dame, fut replacée dans la cathédrale de Paris une œuvre maîtresse de Bourdon, *Le Martyre de saint Pierre,* exécutée pour le « May » de 1643. Les nombreuses études pour cette peinture, gravée par Tardieu, sont d'une composition très riche, que Bourdon simplifiera dans son tableau : « Il a fait sagement "écrit Mariette", ses dessins le comportent. Il n'en aurait pas été de même de la peinture. » (*Abecedario,* I,

XIV. En publiant l'étude dessinée par Le Sueur pour la Valeur, casquée et tenant son bouclier (Budapest, Musée des Beaux-Arts), V. Kaposy (1974) a proposé une lecture de cette allégorie, basée sur l'*Iconographie* de Ripa. Le décor de Le Sueur pour la Chambre du Roi au Louvre a disparu, peu après 1655. L'*Allégorie de la Magnificence* ou l'*Autorité royale,* l'autre grand tableau de ce décor, a été récemment acquis par le Dayton Institute of Art (Rosenberg Henderson, 1970, pp. 213-217, fig. 27).

Sébastien Bourdon

Montpellier 1616 - Paris 1671

130 Martyre de saint Pierre

Plume et encre brune, lavis brun, sur traits à la pierre noire. H. 0,325 ; L. 0,237.

Hist.   P.-J. Mariette (L. 1882) ; montage avec cartouche : SEBASTIANI BOURDON ; vente, Paris, 1775, partie du n° 1167 — Acquis pour le Cabinet du Roi. Inventaire 24991.

130

131

132

p. 170). Les deux dessins exposés, encore éloignés de la version finale, ont permis d'identifier un *modello* de la collection Trugman à Los Angeles (Bordeaux, 1979, pp. 30-31). Deux autres études sont conservées, l'une à l'Ecole nationale supérieure des Beaux-Arts de Paris (n° 14303), l'autre dans une collection de New York (Rosenberg, 1972, n° 18). Cette œuvre de jeunesse de Bourdon très marquée par son séjour en Italie où il rencontra Poussin, fait apprécier toute la facilité et la richesse du talent de Bourdon, mais aussi son goût pour l'imitation, car on retrouve ici l'influence directe d'un dessin de Poussin pour le *Martyre de saint Erasme* (F.B., I, 1939, n° 73).

132 Adoration des Mages

> Plume et encre brune, lavis brun, trace d'esquisse à la pierre noire. H. 0,193 ; L. 0,382.

Hist. P.-J. Mariette (L. 1852) ; montage avec cartouche SEB. BOURDON ; vente, Paris, 1775, partie du n° 1168 — Acquis pour le Cabinet du Roi. Inventaire 24998.

Bibl. Guiffrey et Marcel, II, n° 1612.

Etude avec variantes, pour une peinture qui se trouvait dans la collection J. Seligmann (Manning, 1967, n° 38), que l'on peut dater de son retour d'Italie, vers 1637-1640. Au Musée des Beaux-Arts de Besançon, est conservé un dessin sur le même sujet attribué à Bourdon (Inventaire D 2679). La pièce exposée souligne encore chez Bourdon cette étonnante facilité à dessiner «dans le goût des grands maîtres» (Mariette), et tout particulièrement dans celui de Poussin. Si le meilleur exemple en est la *Sainte Famille* dessinée à la sanguine (Louvre,

Inventaire 25012) directement inspirée de la *Vierge à l'escalier* de Poussin, une gravure proche du dessin exposé, portant la légende *Steph. Bourdon pinxit à Paris chez la Veuve Gantrel et A. Enfant à l'image St Maur* est très influencé surtout en sa partie droite par une étude de Poussin (F.B., I, 1939, n° 38).

133 La reine Christine de Suède

> Sanguine. H. 0,207 ; L. 0,175. Annoté au verso à la mine de plomb : *Sébastien Bourdon*.

Hist. Earl Spencer (L. 1530) — His de La Salle (L. 1333) ; don en 1878. Inventaire RF 767.

Bibl. Tauzia, 1881, n° 237 — Ponsonaille, 1886, pp. 122-190, repr. p. 120 — Guiffrey et Marcel, II, n° 1634, repr. — Vallery-Radot, 1953, p. 200, pl. 89 repr. — Bacou et Bean, 1960, n° 51.

133

En octobre 1652, Bourdon quitte la France, poussé sans doute par les troubles de la Fronde et sa rivalité avec Le Brun, pour s'établir en Suède en qualité de premier peintre de la Reine. Pendant son séjour qui dura jusqu'en 1654, il exécuta plusieurs portraits de la Reine ; les qualités de cette sanguine, étude probable pour un portrait du Musée de Stockholm, en font l'un des plus célèbres. Il sera gravé en 1654 par Nanteuil pour servir de frontispice à l'ouvrage de Georges de Scudéry, *Alaric ou la Rome vaincue,* poème héroïque dédié à la Reine ; puis gravé à nouveau par P. Tanjé (1706-1761). La reine Christine, fille de Gustave-Adolphe, est née à Stockholm en 1626 ; elle régna dix ans sur la Suède. Esprit ouvert, d'une grande érudition, elle attira savants et philosophes à la cour. A la suite de sa conversion au catholicisme, elle abdiqua en 1654. Après un séjour en France, elle s'installa à Rome où elle tint un rôle prépondérant dans la vie artistique et culturelle, jusqu'à sa mort en 1689.

134 *Apothéose de Gustave-Adolphe*

Pierre noire, lavis de sanguine. H. 0,332 ; L. 0,454. Annoté en bas à gauche, à la pierre noire : *Le Brun.*

Hist.   Saint-Morys — Saisie des Emigrés. Inventaire 25009.

Bibl.   Félibien, 1775, pp. 224-264 — Ponsonailhe, 1886, p. 130 — Guiffrey et Marcel, II, n° 1633 — Axel-Nilsson, 1966, pp. 9-19.

Etude intitulée jusqu'ici «Triomphe de Louis XIV» ; or il n'existe à notre connaissance aucune œuvre, peinte ou gravée, correspondant à celle-ci. Ce sujet n'apparaît pas non plus aux Tuileries où travailla Bourdon et où le thème était emprunté à la mythologie *(Déification d'Hercule).* En s'appuyant sur la lettre de Félibien à Bourdon *(Entretiens,* pp. 245-264), il s'agit plutôt d'une étude pour le décor du fameux projet de mausolée destiné à recevoir les cendres de Gustave-Adolphe, roi de Suède. Dès le début de son règne et jusqu'à sa mort, la reine Christine, reprenant les projets de sa mère la reine Marie-Eléonore, songe à faire construire un mausolée à la gloire de son père (Ponsonailhe, 1886, p. 128). Si les historiens s'accordent à penser que Bourdon a participé à ce projet, aucune trace n'en avait été retrouvée (Axel-Nilsson, pp. 9 à 19). Dans sa lettre adressée à Bourdon, Félibien lui conseille de représenter «les belles actions du Roi» et surtout «la fameuse journée de Lützen où ce grand Prince finit sa vie en remportant la victoire sur ses ennemis» (p. 248) et donne une description du monument idéal et de son décor. Le dessin de Bourdon reprend intégralement certaines descriptions de Félibien (pp. 249-251). Par ailleurs chaque figure allégorique proclame les mérites du Roi : la Renommée, portant le mot *Lois* sur son étendard, rappelle les nombreuses réformes accomplis par Gustave-Adolphe ; la figure de la Paix, les traités signés avec le

134

La beauté de la composition centrée sur le crucifié, le trait de sanguine très fouillé, dégagent une profondeur et une gravité peu courantes chez Bourdon et font apprécier toute la variété de son talent. Cette étude est très proche de la peinture, que Mariette admirait beaucoup : « Ce tableau est grandement composé et tout à fait dans le style de Louis Carrache ; ce maître ne le désavouerait pas... c'est un de ses meilleurs ouvrages. » (*Abecedario*, I, p. 171).

Michel Dorigny

Saint-Quentin 1617 - Paris 1665

136 *Feuilles d'études*

Bras ; tête féminine tournée de profil à gauche ; tête féminine, vue de face et levée vers le haut.
Pierre noire, avec rehauts de blanc, sur papier beige.
H. 0,180 ; L. 0,245.

Hist.   Earl of Cholmondeley — J.A. Josephus Jitta ; don en 1935, partie d'un album factice, tome I, f° 29. Inventaire RF 28166.

Les albums Cholmondeley qui renferment, à côté de belles études de Vouet, de nombreuses feuilles dues à des collaborateurs de l'artiste, reflètent un fonds d'atelier. Un important groupe de dessins revient à Michel Dorigny, parmi lequel se trouvent des études préparatoires pour les plafonds du Pavillon de la Reine à Vincennes, les décors de l'hôtel de Lauzun à Paris et des compositions gravées par l'artiste d'après lui-même. Cette étude doit être reliée à la *Crucifixion* de Dorigny conservée au Louvre (Rosenberg, Reynaud, Compin, 1974, n° 220 repr.). Quoique les études de mains et de tête

135

Danemark, la Russie et la Pologne ; les ennemis foulés sous le char de la Reine, les deux figures de femmes au premier plan, tendant une maquette et les clés de la ville, symbolisent la victoire de Lützen ; enfin, le drapeau aux armes de France évoque l'alliance de la France et de la Suède pendant la guerre de Trente ans.

135 *Descente de Croix*

Sanguine, lavis de sanguine, avec rehauts de blanc.
H. 0,127 ; L. 0,085.

Hist.   Probablement Saint-Morys — Saisie des Emigrés. Inventaire 25004.

Bibl.   Mariette, *Abecedario*, I, p. 171 — Reiset, 1869, n° 669 — Ponsonailhe, 1886, p. 290 — Bacou et Bean, 1960, n° 50.

Cette remarquable étude prépare la *Descente de Croix* de l'Eglise Saint-Benoît à Paris. Le tableau, gravé par Boulanger, décorait la chapelle paroissiale située à côté du chœur de l'église ; il est aujourd'hui au Louvre (Rosenberg, Reynaud, Compin, 1974, I, p. 44, n° 72 ; Inventaire 2807).

136

137

portées au bas de la feuille ne s'y retrouvent pas, celle du visage vu de profil et des deux mains croisées paraît reprise pour la figure de Sainte Femme située à l'extrême droite sur le tableau. La toile, dont on ne connaît pas la destination, a été inventoriée par Charles Le Brun en 1683 (n° 342) et représentait donc Dorigny dans les collections royales. Elle a probablement été exécutée dans les années 1640, dans cette période où le gendre de Vouet a pleinement assimilé la manière de son maître ; la facture insistante du dessin, le type des mains aux longs doigts définis avec des phalanges très nettes, les traits des visages rendus avec précision, ces yeux globuleux aux paupières marquées permettent néanmoins de reconnaître le style de Dorigny. Ses dessins des albums Cholmondeley ont aidé à la reconstitution de sa carrière, trop longtemps éclipsée par celle de Vouet, mais la démarche n'a pu être adoptée avec le même succès pour les autres collaborateurs de Vouet, comme Jean Lhomme ou François Tortebat.

Charles Le Brun

Paris 1619-Paris 1690

137 *Apothéose d'Hercule*

Pierre noire, plume et encre brune, avec rehauts de lavis brun, de lavis de sanguine et de blanc, sur papier beige. H. 0,326 ; L. 0,460. Papier rapporté dans l'angle inférieur droit. Mis au carreau à la pierre noire, avec quelques traits de sanguine. Annoté en bas à gauche, à la plume et encre brune : *C. Le Brun.*

Hist. Probablement P. Crozat ; vente, Paris, 1741, partie du n° 1007 — J.-D. Lempereur (L. 1740) — Probablement Saint-Morys — Saisie des Emigrés. Inventaire 27684.

Bibl. Jouin, p. 453 — Guiffrey et Marcel, VII, n° 5874 — Montagu, 1963-1, n° 73, repr. ; 1963-2, p. 406.

Etude pour la partie cintrée, au fond de la voûte de la Galerie de l'hôtel Lambert, ainsi décrite dans la planche, gravée en sens inverse, en 1718, par B. Picart et Mathys Pool : « On y voit Hercule, qui après avoir consumé sur un Bucher tout ce qu'il avait de mortel, monte au ciel, pour y être reçu au nombre des Dieux, il est dans un char, conduit par Minerve ou la sagesse, précédé par la Renomée, et couronné par la gloire. » J. Montagu (1963-1) date ce dessin du début des travaux de la galerie, vers 1650, peu après le retour de Rome de Le Brun. L'influence italienne est évidente dans cette composition plafonnante, où se déploie un illusionnisme, sans autre équivalent dans l'œuvre de Le Brun. En même temps, l'artiste y montre, déjà, l'amour des chevaux en action et le talent animalier qui s'exprimeront tout au long de sa carrière. L'utilisation très large du lavis donne à ce dessin un aspect pictural qui en fait l'un des plus achevés et des plus spectaculaires du fonds de Le Brun au Louvre.

138 Bacchus

Sanguine, avec rehauts de blanc, sur papier gris beige.
H. 0,435 ; L. 0,290.

Hist.   Atelier de Le Brun — Entré dans le Cabinet du Roi en
        1690. Inventaire 29077.

Bibl.   Jouin, p. 627 — Guiffrey et Marcel, VIII, n° 6780.

Etude non identifiée jusqu'ici, pour Bacchus,
dans le dernier compartiment de la voûte de la
Galerie Lambert. Hercule a été reçu dans
l'Olympe et, à l'extrémité de la voûte, les
préparatifs du festin nuptial se déroulent sous
les regards de Cybèle et de Cérès. Bacchus,
faisant office d'échanson, est accoudé à «la
Corniche au-dessus de la porte par où l'on entre
qui sert de Bufet», comme le précise le texte
descriptif de la gravure de B. Picart. Couronné
de pampres, il est nettement plus penché sur son
coude que dans le dessin exposé ; il a, à ses pieds,
une panthère, à peine indiquée ici. D'un style
classicisant, ce dessin, comme le précédent
(n° 137) doit dater du début des travaux de la
galerie, lesquels, selon Nivelon, furent inter-
rompus et s'étendirent sur une douzaine
d'années.

139

138

139 Une muse

Sanguine, avec rehauts de blanc, pierre noire, sur
papier beige. H. 0,400 ; L. 0,288.

Hist.   Voir n° 138. Inventaire 29067.

Bibl.   Jouin, p. 626 — Guiffrey et Marcel, VIII, n° 7995 —
        Montagu, 1963-1, n° 80, repr. ; 1963-2, p. 407 —
        Wilhelm, 1963-2, repr. fig. 8.

Feuille d'études pour Clio, l'une des muses
peintes en 1653 au plafond de la grande
chambre de l'hôtel de la Rivière, remonté en
1878 au Musée Carnavalet où il est visible
aujourd'hui. Le plafond illustre l'histoire de
Psyché, d'après le conte d'Apulée ; à chaque
angle des voussures, deux muses sont assises,
adossées à un décor trompe-l'œil ; sept d'entre
elles sont reconnaissables à leur attributs, codi-
fiés par Ripa (*Iconologia,* Rome, 1603), la
huitième, Clio, a été identifiée par J. Wilhelm ;
Polymnie ne fait pas partie de cet ensemble,
nécessairement limité à huit figures. Ce dessin
est intéressant, en ce qu'il montre la méthode de
travail de Le Brun : après un croquis rapide pour
fixer l'attitude du personnage — ici, en haut à
droite, à la pierre noire — la figure est étudiée à
l'atelier, d'après un modèle masculin drapé ; elle

140

est ensuite transformée en femme par la modification de la coiffure, l'adoucissement des traits et la recherche d'un mouvement plus gracieux des bras.

140 Deux études de femme avec un enfant

Sanguine, avec rehauts de blanc, sur papier beige irrégulièrement découpé. Dim. max.: H. 0,350; L. 0,295.

Hist.   Voir n° 138. Inventaire 29124.

Bibl.   Jouin, p. 625 — Guiffrey et Marcel, VIII, n° 8063.

Ce dessin présente deux études superposées pour le *Massacre des innocents* (Cat. Dulwich College Gallery, 1980, n° 202, repr.). La femme renversée, vue de profil, correspond à une version moins achevée d'une autre étude, souvent reproduite, montrant une femme défendant son enfant, en griffant un homme qui la pousse en arrière (Inventaire 27824; Montagu, 1963-1, n° 68 repr.); ici, le bras est retombé et l'enfant est sur le point de lui être arraché. Cette figure expressive, d'une grande liberté de facture, n'a pas été retenue pour la peinture, mais son rattachement à l'œuvre de Dulwich est confirmée par l'autre étude du feuillet, pour la femme que l'on voit au deuxième plan, à gauche, dans le tableau; elle serre son enfant contre elle et tente d'échapper à son bourreau, en enjambant un petit édifice. Une étude de draperie, pour la même figure, est au Louvre (Inventaire 29138, GM 7954).

La plupart des études pour le *Massacre,* conservées au Cabinet des Dessins, ont été identifiées par J. Montagu, et exposées ou citées (Exp. Versailles, 1963, n°ˢ 64 à 70). Pour en compléter la liste, on signalera outre le dessin exposé au n° 141, trois études de figures et deux études de draperies, directement en rapport avec le tableau (Inventaire 27884, GM 6410 - 29119, GM 6434 - 29132, GM 8064 - 29134, GM 7725 - 29135, GM 7721).

141 Homme debout, vu à mi-jambes

Pierre noire, avec rehauts de blanc, sur papier beige. H. 0,417; L. 0,247.

Hist.   Voir n° 138. Inventaire 27834.

Bibl.   Jouin, p. 626 — Guiffrey et Marcel, VIII, n° 6785.

Cet étrange personnage soutenant des fardeaux et paraissant concentré sur une action maléfique est un soldat, reconnaissable au premier plan à gauche, dans le *Massacre des innocents;* il emporte trois enfants, un sous chaque bras, le troisième tenu, par sa chemise, entre les dents. Ce dessin jusqu'ici non identifié, est exécuté à la pierre noire avec rehauts de blanc, alors que les autres études du Louvre que l'on peut mettre en rapport avec la peinture sont toutes à la sanguine rehaussée de blanc. La pierre noire seule est également utilisée pour un croquis du même personnage tenant les trois enfants, rapidement tracé à côté de l'étude de draperie citée au numéro 140 (Inventaire 29138). On sait, par Guillet de Saint-Georges, que le tableau a été peint à deux reprises; commencé en 1647, laissé inachevé, il a été complété à une date ultérieure, après son acquisition par M. du

141

142

genou de sa mère, tient un rouleau déployé, écrit en caractères hébraïques. Dans le dessin, l'attention se porte essentiellement sur l'attitude de la Vierge, gracieuse et recueillie, l'enfant étant à peine ébauché. On y reconnaît les contours linéaires, les hachures parallèles peu serrées indiquant le volume et les accents marqués qui correspondent au style graphique de Le Brun avant 1660.

143 *Femme drapée, à genoux*

Sanguine, avec rehauts de blanc, sur papier gris beige. H. 0,383 ; L. 0,255.

Hist.   Voir n° 138. Inventaire 28487.

Bibl.   Jouin, p. 627 — Guiffrey et Marcel, VIII, n° 7313.

Etude inédite, au trait rapide et aux accents lumineux, pour la Madeleine, à genoux à droite de la Vierge, dans la *Descente du Saint-Esprit,* peinture exécutée en 1656-1657 pour la Chapelle du Séminaire de Saint-Sulpice (Louvre, Inventaire 2888 ; Rosenberg, Reynaud, Compin,

143

Metz. Faut-il voir dans la différence de technique, comme aussi dans le changement perceptible du style du dessin, un effet du décalage dans l'achèvement de la peinture ? Le soldat aurait pu, alors, être conçu pour la phase finale de l'œuvre.

142 *Vierge et Enfant*

Sanguine, avec rehauts de blanc, sur papier beige. H. 0,380 ; L. 0,277. Coin inférieur gauche manquant.

Hist.   Voir n° 138. Inventaire 28448.

Bibl.   Jouin, p. 620 — Guiffrey et Marcel, VIII, n° 6149 — Cat. Cambridge Fitzwilliam Museum, 1960, pp. 181-183.

Etude pour la *Sainte Famille,* dite aussi le *Christ lisant* ou la *Vierge en Egypte,* tableau peint pour M. Poncet, conseiller à la Cour des Aides, à la même époque, selon Nivelon, qu'une autre *Sainte Famille,* dite *Le Silence,* c'est-à-dire en 1655. Dans la peinture (Minneapolis Institute of Arts ; Rosenberg, 1982, p. 355, repr. — autre version au Cambridge Fitzwilliam Museum), Jésus, debout, les jambes croisées, accoudé sur le

1974, I, n° 442). Ce tableau dit Nivelon fut peint «au premier coup», M. Olier, supérieur du séminaire, désirant voir l'œuvre avant de mourir. Il n'en a pas moins été préparé par de nombreux dessins, tous à la sanguine rehaussée de blanc, conservés dans l'important fonds du Louvre, provenant de l'atelier de Le Brun. L'artiste y montre, déjà, son goût pour l'expression des passions, mais il exprime les sentiments de l'assistance, frappée par l'événement, avec une retenue et un sens des nuances qui convient au sujet. Parmi les autres dessins du Louvre, pour le même tableau, on trouve trois études de femmes drapées, pour la Vierge (Inventaire 28500, GM 7312), sainte Anne soulevant son ample voile (28488, GM 7317), une autre Sainte Femme à droite (29116, GM 6821); six études pour les Apôtres groupés au premier plan, au-dessous de l'estrade (28433, GM 6985 - 28520, GM 6986 - 28525, GM 8002 - 28029, GM 7628 - 28449, GM 7648 - 28524, GM 7026) et une étude pour l'un des disciples arrivant par l'arcade de gauche (28432, GM 6822).

144

144 *Allégorie de l'Automne*

Sanguine, pierre noire, plume et encre noire. H. 0,587; L. 0,441. Pliûre au milieu, dans le sens horizontal; coin supérieur droit manquant. Annoté en haut à droite, à la pierre noire : *Mars et les génies le suivent / et voltigent autour de luy / et...* (trois mots illisibles). Au verso, à la sanguine et à la pierre noire, études pour un décor.

Hist. Voir n° 138. Inventaire 29453.

Bibl. Jouin, p. 563 — Guiffrey et Marcel, VII, n° 5902 — Montagu, 1963-1, n° 95 repr.; 1963-2, p. 407.

Pour le décor de la voûte du grand Salon Ovale du château de Vaux-le-Vicomte, construit par Le Vau, Le Brun avait projeté une vaste composition allégorique dont l'exécution fut empêchée par la disgrâce de Fouquet. Le thème, conçu comme un hymne à la gloire du maître des lieux est celui du Palais du Soleil dont le symbolisme a été expliqué par Mlle de Scudéry (*Clélie*, t. X, 1661, p. 1107) : sur le commandement du Soleil (Apollon) «... l'Aurore tient un flambeau dont elle se sert à illuminer un nouvel astre... placé au milieu du ciel en forme d'escureuil... », l'écureuil étant l'emblème de Fouquet à qui Saturne, Jupiter et Mars «donnent leurs plus favorables influences». Autour du motif central sont personnifiées les quatre Saisons, accompagnées de nombreuses figures évoquant les mois, les semaines et les jours. Le dessin exposé est une

étude pour l'Automne. Les planches gravées par G. Audran ainsi qu'un dessin du Louvre exécuté en cinq parties par un élève de l'atelier (Inventaire 30061, GM 8452) nous aident à identifier Bacchus, assis au centre, entouré d'une foule de personnages parmi lesquels le centaure du Sagittaire — repris à la plume et encre noire en haut à droite —, un vent soufflant dans une conque, des nymphes portant des fruits. L'annotation se rapporte à la partie centrale de la voûte, Mars se trouvant placé au-dessus de l'Automne. L'étude du verso montre une des premières pensées pour le Printemps; pour cette même partie de la voûte, le Louvre conserve un autre dessin (Inventaire 29466, GM 8151r) dont le verso présente, en pleine page, une étude d'écureuil, à la pierre noire. Le dessin exposé, d'apparence touffue, est caractéristique des recherches de composition de l'artiste, lorsqu'un grand nombre de figures doivent être réunies et ordonnées : mise en place d'un trait rapide et vigoureux, souvent à la sanguine ; reprises de certains éléments à la plume et encre noire ; croquis séparés pour des figures ou des groupes de figures, à la sanguine ou à la pierre noire.

145 Homme nu, debout

Sanguine, avec rehauts de blanc, sur papier beige.
H. 0,433 ; L. 0,288.

Hist.   Voir n° 138. Inventaire 28010.

Bibl.   Jouin, p. 626 — Guiffrey et Marcel, VIII, n° 6793 —
Vanuxem, 1964, repr. p. 309.

Etude, jusqu'ici non identifiée, pour Alexandre, dans *Les reines de Perse aux pieds d'Alexandre,* tableau peint en 1660-1661, à la demande de Louis XIV (en dépôt à Versailles). La pose naturelle et la physionomie empreinte de douceur et de compassion du héros sont plus sensibles ici que dans la peinture. Le volume est donné par des hachures peu serrées, caractéristiques de la manière de Le Brun dans la première partie de sa carrière.
Les études séparées, réparties sur la feuille, témoignent des recherches de l'artiste, pour la main gauche dont le geste sera retenu, pour le pied droit, coupé par la marge du papier dans la figure principale et pour l'inclinaison de la tête vers la droite. Dans ses commentaires du tableau, J. Thuillier indique, à ce sujet, que « la tête d'Alexandre est légèrement penchée, pour rappeler le défaut que signalent les historiens antiques » (1963, n° 27 repr.).

146 Deux hommes nus, renversés et enlacés

Sanguine, avec rehauts de blanc, sur papier gris beige.
H. 0,170 ; L. 0,192.

Hist.   Voir n° 138. Inventaire 29647.

Bibl.   Jouin, p. 627 — Guiffrey et Marcel, VIII, n° 6432.

Ce dessin, d'une étonnante facture moderne, est une étude de deux soldats, unis dans la mort, pour la *Bataille de Constantin contre Maxence;* l'un tient encore son épée, l'autre repousse du poing la tête de son ennemi. La *Bataille,* composée à la demande de Mazarin, fait partie, avec le *Triomphe* et le *Mariage,* de l'*Histoire de Constantin* pour laquelle Le Brun a réalisé des dessins, en complément de cartons d'après Raphaël, pour des tapisseries qui furent effectivement tissées (Thuillier, 1967, p. 255). Le Brun n'a pas peint de tableaux sur ces sujets, mais une esquisse de la partie droite de la *Bataille* est conservée au Musée de Château-Gontier. La partie gauche, à laquelle se rattache le dessin exposé, n'est connue que par les planches de G. Audran gravées dans le même sens en 1666.

147

148

Pierre Patel le Père

Picardie v. 1605 - Paris v. 1666

147 Paysage avec les ruines d'un portique

Pierre noire, avec rehauts de blanc, sur papier brun.
H. 0,259 ; L. 0,378.

Hist.   P.-J. Mariette (L. 1852) ; vente, Paris, 1775, partie du
         n° 1310 — Acquis pour le Cabinet du Roi. Inventaire
         32282.

Bibl.   Bacou et Bean, 1960, n° 33 — Méjanès, 1967, n° 252.

148 Paysage avec ruines

Pierre, avec rehauts de blanc, sur papier brun.
H. 0,208 ; L. 0,216.

Hist.   Comte d'Orsay (L. 2239) ; saisie révolutionnaire à
         Orsay en 1793 ; déposé au Palais de Versailles ; envoi
         au Louvre en 1823. Inventaire 32285.

Bibl.   Méjanès, 1983, n° 59 (Ors, n° 564).

Patel le Père participa à quelques-uns des grands décors réalisés à Paris vers le milieu du XVIIᵉ siècle. Avec les hollandais J. Asselyn et H. Van Swanevelt et le français Mauperché, il peignit au moins deux des treize paysages placés sous le plafond de Le Sueur dans le Cabinet de l'Amour de l'hôtel Lambert (voir n° 124). Patel doit peut-être à ses trois camarades son goût pour les ruines antiques car selon les sources anciennes il ne fit pas de voyage en Italie — pas plus que La Hire dont il est souvent proche. Dans l'un des dessus-de-porte qu'il exécuta pour l'appartement d'Anne d'Autriche au Louvre, en complément des peintures de Romanelli, *Moïse enterrant l'Egyptien* (Louvre, Inventaire 7125 ; Rosenberg, Reynaud, Compin, 1974, II, n° 620), apparaît le portique circulaire figurant ici sur le dessin de la collection Mariette. On retrouve dans une gravure de Pérelle d'après Patel, un motif de ruines très proche de celui figurant sur le dessin portant le gros monogramme, récemment identifié, du comte d'Orsay.

Robert Nanteuil

Reims 1623 - Paris 1678

149 *Jean Dorieu*

149

Pastel, avec rehauts de mine de plomb, sur papier beige collé sur carton. H. 0,33 ; L. 0,25. Signé et daté à droite à mi-hauteur : *Nanteuil faciebat 1660.*

Hist.   L.-P. Henriquel-Dupont — Don en 1903 de Mme Thureau-Dangin, née Henriquel-Dupont. Inventaire RF 2812.

Bibl.   Petitjean et Wickert, 1925, p. 180 — Sterling, 1940, repr., n° 40 — Fromrich, 1956, n° 42, pp. 130-132 ; Fromrich, 1957, p. 215 — Bacou et Bean, 1960, n° 74 — Monnier, 1972 (avec Bibl.), n° 9, repr. — Rosenberg, 1976-2, p. 287, repr.

Ce magistrat, vêtu d'une robe noire à rabat blanc, Jean Dorieu (1596-1679), a été d'abord conseiller au Grand Conseil (1623) puis président à la Cour des Aides (1636). Le portrait, daté de 1660, précède de peu le moment où, après la disgrâce de N. Fouquet (1661), Dorieu fut chargé de juger des finances. Nanteuil a gravé son pastel, dans un ovale équarri sur socle armorié (Petitjean et Wickert, 1925, n° 62 ; Robert-Duménil, n° 84). L'estampe porte : *Nanteuil ad vivum faciebat 1660.* Y. Fromrich (1956) pense qu'il s'agit là du plus ancien des portraits au pastel de Nanteuil qui nous soit parvenu. Il semble en effet qu'avant 1660 l'artiste se soit principalement consacré à la gravure au burin et au dessin à la mine de plomb. Quelle que soit la technique employée, ses qualités de portraitiste

restent les mêmes : mettant à profit la culture acquise à graver les portraits de Champaigne et de Bourdon (cf. n° 133), Nanteuil allie l'intransigeance dans la notation vraie de la physionomie et une attitude dégagée et directe pour camper le modèle dans la feuille.

150 *Dominique de Ligny*

Pastel, sur papier beige collé sur carton. H. 0,334 ; L. 0,274.

Hist.   M. Evans — Aquis en 1854. Inventaire 31375.

Bibl.   Petitjean et Wickert, 1925, p. 246 repr. — Fromrich, 1956, n° 44, pp. 135-137 — Bacou et Bean, 1960, n° 75 — Monnier, 1972, n° 10 repr. (avec Bibl.) — Rosenberg, 1976-2, p. 287.

Portrait bien connu, et, comme le précédent, souvent exposé à Paris (1927, 1946, 1949, 1960...), de Dominique de Ligny (mort en 1681), seigneur de Marcilly, qui, d'abord Grand Maître des Eaux et Forêts, devint abbé de Saint-Jean d'Amiens, évêque (en titre) de Philadelphie en 1658. Il succéda l'année suivante à son oncle Dominique Séguier à l'évêché de Meaux (où Bossuet lui fera suite). La gravure, en

150

Guillaume Courtois
dit Cortese ou Borgognone

Saint-Hippolyte 1628 - Rome 1679

151 Sainte Firmina

Sanguine, lavis de sanguine, lavis brun, avec rehauts de blanc, sur esquisse à la pierre noire et papier lavé beige. H. 0,629 ; L. 0,612. Annoté en bas à droite, à la sanguine : *Piet di Cortona*.

Hist.   Saint-Morys — Saisie des Emigrés. Inventaire 487.

Bibl.   Briganti, 1962, p. 313, n° 487, pl. 288, fig. 65 (Cortone) — Graf, 1976, sous n°s 8, 9 (Courtois) — Prosperi Valenti Rodino, 1979, sous n° 40 — Monbeig-Goguel, 1981, p. 168, note 10, fig. 10 — Briganti, 1982, p. 299, n° 487, repr., pl. 288, n° 65 (Cortone).

Ce dessin est une étude pour un des écoinçons de la Capella Cesi à Santa Prassede à Rome, décorée peu après 1660. Deux autres études de G. Courtois pour sainte Firmina sont conservées au Gabinetto Nazionale delle Stampe à Rome (Valenti Rodino, 1980, n° 40 et repr., n° 41 et repr.). Le dessin du Louvre est certainement le plus proche de la version définitive. Dans cette feuille, Courtois utilise, en virtuose, un camaïeu de sanguine, adouci de rehauts de blanc. Comme l'a noté C. Monbeig-Goguel, cette recherche picturale se retrouve dans deux *mo-*

contrepartie par Nanteuil lui-même, de ce pastel (Petitjean et Wickert, 1925, n° 126 ; Robert Dumesnil, n° 145) spécifie que le portrait a été fait *« ad vivum »* et donne la date *1661*. Le premier portrait de ce personnage gravé par Nanteuil d'après nature l'avait été en 1654 (Petitjean et Wickert, 1925, n° 125 ; Robert Dumesnil, n° 144). Nous avons ici le second. La finesse de notation du caractère, d'autant plus sensible que l'inflexion douce des traits tranche sur le bleu du camail à rabat blanc et la calotte noire qui font taches, est néanmoins atténuée par cette expression assez conventionnelle de supérieure et familière complaisance qu'affichent souvent, par réussite ou par obligation sociales, les modèles de Nanteuil.

151

delli de Courtois : le *Sacrifice d'Aaron* (Sao Paolo, collection Jerzy Sachs ; C. Monbeig-Goguel, 1981, fig. 1) et l'*Assomption de la Vierge* (Bruxelles, Musées Royaux). Il est intéressant de noter que ce très beau dessin est toujours donné à Cortone par Briganti (1982, p. 299, n° 487).

152 Saint Pascal

Pierre noire, lavis brun, avec rehauts de blanc, sur papier beige. H. 0,255 ; L. 0,188. Mis au carreau à la sanguine.

Hist.   Chevalier de Damery (L. 2862) — Saint-Morys — Saisie des Emigrés. Inventaire 6344.

Bibl.   Vitzthum, 1969, p. 93 — Schleier, 1970, fig. 28, note 27 — Graf, 1976, p. 25 — Prosperi Valenti Rodino, 1979, sous n° 35.

Etude pour la figure de S. Pasquale à la Capella Cesi da Santa Prassede à Rome, où il travailla avec Ciro Ferri dans les années 1660. Il existe pour la même figure une autre étude à l'Albertina (Inv. 2813 ; Schleier, 1970, fig. 27) et deux études pour la tête de S. Pasquale au Gabinetto della Stampes à Rome (Inventaire FC 126987 et Inventaire FC 127003 ; Prosperi Valenti Rodino, 1979, fig. 35 et 36). Donné traditionnellement à

153

152

Lanfranco puis, attribué à Courtois par E. Schleier en 1970, ce dessin a été inspiré par les fresques de Lanfranco à la Capella Buongiovanni à S. Agostino à Rome.

Antoine Bouzonnet-Stella

Lyon 1637 - Paris 1682

153 Jésus guérissant la belle-mère de saint Pierre

Plume et encre brune, lavis gris, avec rehauts de blanc, sur papier bleu-vert. H. 0,264 ; L. 0,174.

Hist.   Entré avant 1827. Inventaire 33775.

On serait tenté d'écrire que ce qu'on connaît le mieux des dessins d'Antoine Bouzonnet-Stella, neveu de Jacques, c'est leur signature : celle-ci figure en effet au verso d'un dessin du Louvre (*Mort de saint Pierre, dominicain,* Inventaire 25034), au verso d'un dessin conservé à Stockholm (*La Cène;* Bjürström, 1976, n° 176, repr.) et au verso d'une étude pour *Le Christ guérissant un paralytique* conservée dans une collection particulière parisienne. Ce dernier dessin a permis d'identifier parmi les Anonymes du Cabinet des Dessins cette représentation d'un autre épisode de la vie du Christ, signalé dans les Evangiles (Matthieu 8, 14-15 ; Marc 1, 29-31 ; Luc 4, 38-39), mais rarement représenté en peinture. Les deux feuilles, de même format et de même technique, présentent exactement les mêmes caractéristiques, visages aigus, yeux enfoncés, traits soulignés de gouache blanche qui accentuent également les draperies en longues lignes suivies, goût prononcé pour les architectures aperçues à travers des ouvertures et fermant la composition, à tel point qu'il est permis de se demander s'il ne s'agit pas de deux éléments d'une même série. Très calligraphiée, la signature, formée d'un *A* et d'un *B* majuscules élégamment entrelacés suivis du nom *Stella,* apparaît aussi en bas d'une lettre adressée en 1657 à Poussin pour lui proposer des offres de services, après la mort de Jacques Stella, et au dos de laquelle Poussin a dessiné *La Vénus à la fontaine* (voir n° 63). Un autre dessin d'A. Bouzonnet-Stella, *La Cène,* se trouve parmi les Anonymes italiens du Louvre (Inventaire 12508).

Index des artistes exposés sous les numéros :

Beaubrun Louis   11
Bellange Jacques de   18 à 20
Biard Pierre   8
Blanchard Jacques   87
Blanchet Thomas   113
Boucher Jean   12, 13
Bourdon Sébastien   130 à 135
Bouzonnet-Stella Antoine   153
Brébiette Pierre   69 à 72
Bunel Jacob   4
Callot Jacques   39 à 44
Champaigne Philippe de   89 à 92
Chaperon Nicolas   107
Chauveau François   110
Corneille Michel Ier   88
Courtois Guillaume   151, 152
Daret Jean   111
Deruet Claude   21, 22
Dorigny Michel   136
Dubois Ambroise   1, 2
Dubreuil Toussaint   5 à 7
Du Fresnoy Charles-Alphonse   106
Dughet Gaspard   114, 115
Dumonstier Daniel   16
Foucquières Jacques   37
Fréminet Martin   10

Gaultier Léonard   9
Gellée Claude   74 à 86
Honnet Gabriel   3
Lagneau   17
La Hire Laurent de   93 à 98
Lallemand Georges   15
Le Brun Charles   137 à 146
Le Lorrain voir Gellée
Le Sueur Eustache   117 à 129
Le Tellier Pierre   112
Maître du papier bleu   116
Mellan Claude   73
Mellin Charles   67, 68
Mignard Nicolas   99 à 104
Mignard Pierre   108, 109
Nanteuil Robert   149, 150
Patel le Père Pierre   147, 148
Perrier François   32 à 36
Poerson Charles   105
Pourbus François   14
Poussin Nicolas   48 à 64
Sarrazin Jacques   38
Stella Jacques   65, 66
Vignon Claude   45 à 47
Vouet Simon   23 à 31.

Ouvrages cités en abrégé

Adhémar, 1954
J. Adhémar, *Le dessin français au XVIe siècle*, Lausanne, 1954.

Adhémar, 1970
J. Adhémar, « Les Dessins de Daniel Dumoustier au Cabinet des Estampes », *Gazette des Beaux-Arts*, LXXV, mars 1970, pp. 129-150.

Adhémar, 1973
J. Adhémar, « Les portraits dessinés du XVIe siècle au Cabinet des Estampes, deuxième partie », *Gazette des Beaux-Arts*, décembre 1973, pp. 81-104.

Agnew, 1982
J. Agnew, Cat. Exp., *Claude Lorrain (1600-1682)*, Londres, Thos. Agnew and sons Ltd., 1982.

Andrews, 1971
K. Andrews, « Etudes préparatoires de Philippe de Champaigne pour les tapisseries de Saint-Gervais », *Revue de l'Art*, n° 14, 1971, pp. 76-79.

Augarde, 1969
Th. Augarde, *Laurent de La Hire*, Mémoire de l'Ecole du Louvre, Paris, 1969 (manuscrit).

Auzas, 1949
P.-M. Auzas, « Les Grands "Mays" de Notre-Dame de Paris », *Gazette des Beaux-Arts*, XXXVI, 1949, pp. 117-200.

Auzas, 1957
P.-M. Auzas, « Remise en place d'œuvres d'art à Notre-Dame de Paris », *Revue Monuments Historiques de la France*, III, 1957, pp. 105-110.

Auzas, 1961
P.-M. Auzas, « Les quatre Mays des trois Corneille », *La Revue du Louvre et des Musées de France*, 1961, n° 4-5, pp. 187-196.

Axel Nilsson, 1966
G. Axel Nilsson, « Pompa memoriae Gustavi Adolphi magni », *Queen Christina of Sweden Documents of Studies*, 1966, pp. 9-19.

Babelon, 1972
J.-P. Babelon, « Nouveaux documents sur la décoration de l'hôtel Lambert », *Bulletin de la Société de l'Histoire de l'Art Français, Année 1971*, 1972, pp. 135-143.

Bacou, 1967
R. Bacou, dans Cat. Exp. *Le Cabinet d'un grand amateur, P.-J. Mariette*, Paris, Louvre, 1967.

Bacou, 1971
R. Bacou, Cat. Exp. *Hommage à Fritz Lugt : De Van Eyck à Spranger, dessins de maîtres des anciens Pays-Bas*, Paris, Louvre, Cabinet des Dessins, 1971 (Cartels).

Bacou, 1972
R. Bacou, dans Cat. Exp. *L'Ecole de Fontainebleau*, Paris, Grand Palais, 1972-1973.

Bacou, 1978
R. Bacou, « Everard Jabach, Dessins de la seconde collection », *Revue de l'Art*, n° 40, 1978, pp. 141-150.

Bacou, 1978-2
R. Bacou, Cat. Exp. *Nouvelles attributions*, Paris, Louvre, Cabinet des Dessins, 1978 (Petit Journal).

Bacou, 1978-1979
R. Bacou, Cat. Exp. *Le paysage en Italie au XVIIe siècle*. Paris, Louvre, Cabinet des Dessins, 1978-1979 (Petit Journal).

Bacou, 1980
R. Bacou, « Callot : Louis XIII et Richelieu au siège de Ré »,

La Revue du Louvre et des Musées de France, 1980, n° 4, pp. 254-256.

Bacou et Bean, 1960
R. Bacou et J. Bean, Cat. Exp. *Dessins français du XVIIe siècle. Artistes contemporains de Poussin*, Paris, Louvre, Cabinet des Dessins, 1960.

Bacou et Béguin, 1972
R. Bacou et S. Béguin, dans Cat. Exp. *L'Ecole de Fontainebleau*, Paris, Grand Palais, 1972-1973.

Bacou et Calvet, 1968
R. Bacou et A. Calvet, *Dessins du Louvre, écoles allemande, flamande, hollandaise*, Paris, 1968 ; édition américaine, New York, 1968.

Bailly
voir Engerand, 1899.

Bardon, 1974
F. Bardon, *Le Portrait Mythologique à la cour de France sous Henri IV et Louis XIII, Mythologie et Politique*, Paris, 1974.

Baré, 1883-1884
F. Baré, « Léonard Gaultier », *Le Bulletin des Beaux-Arts*, 1re année, Paris, 1883-1884.

Bean, 1965
J. Bean, « Simon Vouet, an early and late Drawing for the Engraver », *Master Drawings*, III, 1965, n° 1, pp. 50-52.

Béguin, 1960
S. Béguin, *L'Ecole de Fontainebleau*, Paris, 1960.

Béguin, 1963
S. Béguin, « Two Projects by Martin Fréminet for the Chapel of the Trinity at Fontainebleau », *Master Drawings*, I, 1963, n° 3, pp. 30-34.

Béguin, 1964
S. Béguin, « Toussaint Dubreuil, premier peintre de Henri IV », *Art de France*, IV, 1964, pp. 86-107.

Béguin, 1965
S. Béguin, dans Cat. Exp. *Le Seizième Siècle Européen, Peintures et dessins dans les collections publiques françaises*, Paris, Petit Palais, 1965-1966.

Béguin, 1966
S. Béguin, « Dessins d'Ambroise Dubois », *L'Œil*. n° 135, mars 1966, pp. 6-15, 67.

Béguin, 1967
S. Béguin, « Guillaume Dumée, disciple de Dubreuil », *Studies in Renaissance and Baroque Art presented to Anthony Blunt*, Londres - New-York, 1967, pp. 91-97.

Béguin, 1967-2
S. Béguin, dans Cat. Exp. *Le Cabinet d'un Grand Amateur P.-J. Mariette*, Paris, Louvre, 1967.

Béguin, 1970
S. Béguin, *Il Cinquecento Francese, I Disegni dei Maestri*, Milan, 1970 ; édition française, Pully, Paris, 1976.

Béguin, 1971
S. Béguin, « Quelques nouveaux dessins d'Ambroise Dubois », *Revue de l'Art*, n° 14, 1971, pp. 31-38.

Béguin, 1972
S. Béguin, dans Cat. Exp. *L'Ecole de Fontainebleau*, Paris, Grand Palais, 1972-1973.

Béguin, 1975
S. Béguin, « Nouvelles attributions à Toussaint Dubreuil », *Etudes d'art français offertes à Charles Sterling*, (réunies et publiées par A. Châtelet et N. Reynaud), Paris, 1975, pp. 165-174.

Béguin, 1979
S. Béguin, «L'art de peinture et de sculpture d'Ambroise Dubois à Fontainebleau», La Revue du Louvre et des Musées de France, 1979, n° 3, pp. 229-233.

Béguin, 1984
S. Béguin, «A propos d'un dessin de l'Ermitage», Scritti di Storia dell' Arte in Onore di Federico Zeri, Milan 1984, pp. 495-504.

Bénézit, 1956
E. Bénézit, Dictionnaire critique et documentaire des peintres, sculpteurs, dessinateurs et graveurs, Houe - Matisse, V, Paris, 1956.

Bergot, 1978
F. Bergot, Cat. Exp. L'Art maniériste. Formes et Symboles, Rennes, Musée des Beaux-Arts, 1978.

Bjurström, 1965
P. Bjurström, «A Landscape Drawing by Poussin in the Uppsala University Library», Master Drawings, III, 1965, n° 3, pp. 264-265.

Bjurström, 1976
P. Bjurström, French Drawings Sixteenth and Seventeenth Centuries, National museum Stockholm. Drawings in Swedish Public Collections, 2, Stockholm, 1976.

Blum, 1923
A. Blum, Les eaux-fortes de Claude Gellée dit Le Lorrain, Paris, s.d. [1923].

Blunt, 1944
A. Blunt, «The Heroic and the Ideal Landscape of Nicolas Poussin», Journal of the Warburg and Courtauld Institutes, VII, 1944, pp. 154-168.

Blunt, 1945
A. Blunt, The French Drawings in the Collection of his Majesty the King at Windsor Castle, Oxford, Londres, 1945.

Blunt, 1960
A. Blunt, dans Cat. Exp. Nicolas Poussin, Paris, Louvre, 1960.

Blunt, 1964
A. Blunt, «Poussin Studies XIV: Poussin's Crucifixion», The Burlington Magazine, CVI, n° 739, octobre 1964, pp. 450-454.

Blunt, 1966
A. Blunt, The Painting of Nicolas Poussin. A critical Catalogue, Londres, 1966.

Blunt, 1972
A. Blunt, «Georges de La Tour at the Orangerie», The Burlington Magazine, CXII, n° 833, août 1972, pp. 516-525.

Blunt, 1973
A. Blunt, «A drawing illustrating Tasso by Dubois», The Burlington Magazine, CXV, n° 838, janvier 1973, pp. 38-41.

Blunt, 1973-2
A. Blunt, «Drawings at Waddesdon Manor», Master Drawings, XI, 1973, n° 4, pp. 359-364.

Blunt, 1979
A. Blunt, The Drawings of Poussin, New Haven, Londres, 1979.

Blunt, 1979-2
A. Blunt, «Further newly identified Drawings by Poussin and his Followers», Master Drawings, XVII, 1979, n° 2, pp. 119-146.

Blunt et Vitzthum, 1964
A. Blunt, «Un tableau d'Eustache Le Sueur» et W. Vitzthum, «Un dessin d'Eustache Le Sueur», Art de France, IV, 1964, pp. 293-296.

Boisclair, 1978
M.-N. Boisclair, Gaspard Dughet, catalogue des tableaux et des dessins, catalogue des gravures d'après son œuvre, 2 vol., Paris, 1978 (manuscrit).

Bordeaux, 1979
J.-L. Bordeaux, «Sébastien Bourdon's first idea for his "Crucifixion of St Peter" - the "May" of 1643», The Burlington Magazine, CXXI, n° 910, janvier 1979, pp. 30-31.

Bouchot, 1884
H. Bouchot, Les portraits aux crayons des XVIe et XVIIe siècles conservés à la Bibliothèque nationale (1525-1646), Paris, 1884.

Boyer et Brejon de Lavergnée, 1980
J.-C. Boyer et A. Brejon de Lavergnée, «Une commande de tableaux à des artistes français et italiens à rome en 1639», La Revue du Louvre et des Musées de France, 1980, n° 4, pp. 231-239.

Boyer et Macé de Lépinay
J.-C. Boyer et F. Macé de Lépinay, «The "Mignardes", Sassoferrato and Roman Classicism during the 1650's», The Burlington Magazine, CXXIII, n° 935, février 1981, pp. 69-75.

Brejon de Lavergnée, 1980
B. Brejon de Lavergnée, «Portrait de poètes italiens par Simon Vouet et Claude Mellan à Rome», Revue de l'Art, n° 50, 1980, pp. 51-57.

Brejon de Lavergnée, 1980
B. Brejon de Lavergnée, «Some new pastels by S. Vouet: portraits of the court of Louis XIII», The Burlington Magazine, CXXIV, n° 958, novembre 1982, pp. 689-693.

Brejon de Lavergnée et Cuzin, 1973-1974
A. Brejon de Lavergnée et J.-P. Cuzin, dans Cat. Exp., Valentin et les Caravagesques français, Paris, Grand Palais, 1974; édition italienne, I Caravageschi francesi, Rome, Académie de France, Villa Medici, 1973-1974.

Brice, 1775
G. Brice, Description nouvelle de ce qu'il y a de plus remarquable dans la ville de Paris, t. I, La Haye, 1775.

Brière, 1953
G. Brière, «Iconographie de Simon Vouet», Mémoires des fédérations des sociétés historiques et archéologiques de Paris et de l'Ile-de-France, III, Année 1951, Paris, 1953, pp. 170-171.

Brière, Dumolin et Jarry, 1937
G. Brière, M. Dumolin et P. Jarry, «Les tableaux de l'Hôtel de Ville de Paris et de l'Abbaye Sainte-Geneviève», Bulletin de la Société d'Iconographie Parisienne, 1937, pp. 00-00.

Briganti, 1982
G. Briganti, Pietro da Cortona o della Pittura barocca, Florence, 1982, (1re édition, Florence, 1962).

Bristol, 1956
Cat. Exp. French XVII century drawings, Bristol, City Art Gallery, 1956.

Brugerolles, 1981
E. Brugerolles, Cat. Exp., De Michel-Ange à Géricault. Dessins de la donation Armand-Valton, Paris, Ecole nationale supérieure des Beaux-Arts, 1981.

Bruwaert, 1915
E. Bruwaert, La vie et les œuvres de Philippe Thomassin, graveur troyen, 1562-1622, Paris, Troyes, 1915.

Calvet, 1967
A. Calvet, dans Cat. Exp. Le Cabinet d'un Grand Amateur P.-J. Mariette, Paris, Louvre, 1967.

Calvet, 1967
A. Calvet, Dessins du Louvre, école allemande, flamande, hollandaise, Paris, 1968; édition américaine, New York, 1968.

Canivet, 1957
D. Canivet, L'Illustration de la poésie et du roman français du XVIIe siècle, Paris, 1957.

Champeaux, 1968
A. de Champeaux, *L'Art décoratif dans le vieux Paris*, Paris, 1898.

Charageat, 1927
M. Charageat, « Notes sur cinq marchés passé par M. de Bullion... avec Jacques Sarrazin, Simon Vouet... », *Bulletin de la Société de l'Histoire de l'Art Français, Année 1926*, 1927, pp. 179-297.

Chennevières, 1882
H. de Chennevières, *Les dessins du Louvre III, 1, Ecole Française*, Paris, s.d. [1882].

Chennevières, 1850, 1854
Ph. de Chennevières-Pointel, *Recherches sur la vie et les ouvrages de quelques peintres provinciaux de l'ancienne France*, Paris, 3 vol. t. II, 1850 ; t. III, 1854.

Chennevières, 1880
Ph. de Chennevières, *Catalogue descriptif des dessins de décoration et d'ornement de Maîtres anciens exposés au Musée des Arts Décoratifs en 1880*, Paris, 1880.

Chennevières, 1887
Ph. de Chennevières, « Quentin Varin, L. Finsonius, J. Daret, R. Levieux, J. de Saint-Igny, Letellier », *Nouvelles Archives de l'Art Français*, 3e série, III, Paris, 1887, pp. 1-47.

Chennevières, 1894-1897
Ph. de Chennevières, « Une Collection de dessins d'artistes français », *L'Artiste*, 1894 à 1897, articles I à XXII.

Chiarini, 1969
M. Chiarini, « Some Drawings connected with Paintings », *The Burlington Magazine*, CXI, n° 801, décembre 1962, p. 751.

Choux, 1968
J. Choux, « Villes et paysages lorrains dans les dessins de Jacques Callot », *Le Pays Lorrain*, 3, 1968, pp. 45-64.

Claparède, [1952]
J. Claparède, *Musée Atger. Faculté de Médecine de Montpellier Dessins d'artistes Languedociens des XVIIe et XVIIIe siècles*, Montpellier, s.d. [1952].

Clifford, 1973
T. Clifford, « Un disegno del Bellange al British Museum », *Arte illustrata*, VI, 55-56, 1973, pp. 377-380.

Collart et Ciprut, 1963
L.-H. Collart et E.-J. Ciprut, *Nouveaux documents sur le Louvre*, Paris, 1963.

Comer, 1980
C.-D. Comer, *Studies in Lorraine Art ca. 1580- ca. 1625*, Princeton University, Ann Harbor et Londres, 1980.

Coural, 1973
J. Coural, « Notes documentaires sur Francesco Bordoni », *Revue de l'Art*, n° 20, 1973, pp. 88-92.

Crelly, 1962
W.-R. Crelly, *The painting of Simon Vouet*, New Haven, Londres, 1962.

Cuzin, 1983-1984
J.-P. Cuzin, dans Cat. Exp. *Raphaël et l'Art Français*, Paris, Grand Palais, 1983-1984.

Dahlbäck, 1953
B. Dahlbäck, « De Bellange à Deruet », *Bulletin de la Société de l'Histoire de l'Art Français, Année 1952*, 1953, pp. 78-81.

Dan, 1642
R.-P. Dan, *Le Trésor des Merveilles de la maison royale de Fontainebleau*, Paris, 1642.

Dargent et Thuillier, 1965
G. Dargent et J. Thuillier, « Simon Vouet en Italie. Essai de catalogue critique », *Saggi e Memorie di Storia dell'Arte*, Venise, 1965, pp. 26-63 et 143-166.

Debaisieux, 1953
F. Debaisieux, dans Cat. Exp. *L'Art et la vie au temps d'Henri IV*, Pau, Bibliothèque et Musée, 1953.

Demonts, 1913
L. Demonts, « Les Amours de Renaud et Armide », *Bulletin de la Société de l'Histoire de l'Art Français, Année 1912*, 1913, pp. 58-78.

Descamps (1753-1763)
J.-B. Descamps, *Vie des peintres flamands, allemands et hollandais...*, 4 vol., Paris, 1753-1763.

Dézallier d'Argenville, 1752
A.-N. Dézallier d'Argenville, *Voyage pittoresque de Paris...*, Paris, 1752.

Dézallier d'Argenville, 1772
A.-J. Dézallier d'Argenville, *Abrégé de la vie des plus fameux peintres...*, 4 vol., Paris, 1762.

Digard, 1934
M. Digard, *Jacques Sarrazin, son œuvre, son influence*, Paris, 1934.

Dimier, 1905
L. Dimier, « Les Origines de la Peinture Française, VIe partie » *Les Arts*, octobre 1905, n° 46, pp. 18-30.

Dimier, 1909
L. Dimier, *Critique et controverse touchant différents points de l'histoire des arts*, Paris, 1909.

Dimier, 1924
L. Dimier, *Histoire de la peinture de portrait en France au XVIe siècle*, 3 vol., Paris, 1924-1925.

Dimier, 1925
L. Dimier, *Histoire de la peinture française des origines au retour de Vouet 1300-1627*, Paris et Bruxelles, 1925.

Dimier, 1926, 1927
L. Dimier, *Histoire de la peinture française du retour de Vouet à la mort de Lebrun*, 2 vol., Paris et Bruxelles, I (1926) ; II (1927).

Dimier, 1930
L. Dimier, « Tableaux qui passent », *Beaux-Arts*, 8e année, n° 4, 20 avril 1930, p. 17.

Dimier, 1942
L. Dimier, *La peinture française au XVIe siècle*, Paris, 1942.

Dorival, 1949-1950
B. Dorival, Cat. Exp. *Landscape in French Art*, Royal Academy, Londres, 1949-1950.

Dorival, 1951
B. Dorival, Cat. Exp. *Het Franse Landschap van Poussin tot Cézanne*, Amsterdam, Rijksmuseum.

Dorival, 1952
B. Dorival, Cat. Exp. *Philippe de Champaigne*. Paris, Orangerie des Tuileries, 1952.

Dorival, 1957
B. Dorival, Cat. Exp. *Philippe de Champaigne et Port Royal*, Musée national des Granges de Port Royal, 1957.

Dorival, 1957-2
B. Dorival, « A propos de l'exposition Philippe de Champaigne et Port Royal », *Revue des Arts*, 1957, n° 6, pp. 253-256.

Dorival, 1971
B. Dorival, « Un portrait de Louis XIV par Philippe de Champaigne », *La Revue du Louvre et des Musées de France*, 1971, n° 2, pp. 67-80.

Dorival, 1976
B. Dorival. *Philippe de Champaigne 1602-1674. La vie, l'œuvre et le catalogue raisonné de l'œuvre*, 2 vol., Paris, 1976.

Duclaux, 1968
L. Duclaux, *Dessins du Louvre, école française* (sous la direction de M. Sérullaz, en collaboration avec G. Monnier), Paris, 1968 ; édition américaine. New-York, 1968.

Duplessis, 1855
G. Duplessis, *Le livre des peintres et graveurs par Michel de Marolles, abbé de Villeloin*, Paris, 1855.

Dupont, 1936-1937
J. Dupont, Cat. Exp. *Les plus beaux dessins français du Musée du Louvre, 1350-1900*, Palais des Beaux-Arts, Bruxelles, 1936-1937.

Duportal, 1914-2
J. Duportal, *Etude sur les lives à figures édités en France de 1601 à 1660*, Paris, 1914.

Eisler, 1963
C. Eisler, «A new Drawing by Jacques de Bellange at Yale», *Master Drawings*, I, 1963, n° 4, pp. 32-38.

Engerand, 1899
F. Engerand, *Inventaire des tableaux du Roy rédigé en 1709 et 1710 par Nicolas Bailly*, Paris, 1899.

Erlande-Brandenburg, 1966
A. Erlande-Brandenburg, «Les appartements de la Reine-Mère, Marie de Médicis, au Louvre», *Bulletin de la Société de l'Histoire de l'Art Français, Année 1965*, 1966, pp. 105-113.

F.B.
W. Friedlaender et A. Blunt. *The Drawings of Nicolas Poussin*, Londres, 5 vol., 1939-1974.

Félibien, 1705
A. Félibien, *Entretiens sur la vie et sur les ouvrages des plus excellents peintres anciens et modernes*, Londres, III, 1705 (1ʳᵉ édition, Paris, 1666-1668).

Fenaille, 1903
M. Fenaille, *Etat général des tapisseries de la Manufacture des Gobelins depuis son origine jusqu'à nos jours. Les Ateliers parisiens au dix-septième siècle, 1601-1662*, Paris, 1903.

Fischer, 1962
W. Fischer, «An insight into Claude Vignon's Workshop», *The Burlington Magazine*, CIV, n° 706, janvier 1962, pp. 25-26.

Fischer Pace, 1978
U. Fischer Pace, «Les œuvres de Giacinto Gimignani dans les collections publiques françaises», *La Revue du Louvre et des Musées de France*, 1978, nᵒˢ 5-6, pp. 343-358.

Foucart, 1978
J. Foucart, «Une fausse énigme : le pseudo et le véritable Van de Venne», *Revue de l'Art*, n° 42, 1978, pp. 53-62.

Fromrich, 1956
Y. Fromrich, *Robert Nanteuil*, Thèse de l'Ecole du Louvre, Paris, 1956 (manuscrit).

Fromrich, 1957
Y. Fromrich, «Robert Nanteuil dessinateur et pastelliste», *Gazette des Beaux-Arts*, 1957, I, pp. 209-217.

Gabillot, 1907
C. Gabillot, «Les portraits de Ronsard», *Gazette des Beaux-Arts*, 1907, II, pp. 487-501.

Galactéros, 1970
L. Galactéros de Boissier, «L'entrée du Cardinal Flavio Chigi à Lyon», dans Cat. Exp. *Entrées royales et Fêtes Populaires à Lyon (XVᵉ-XVIIIᵉ)*, Lyon, Bibliothèque municipale, 1970.

Galactéros, 1972
L. Galactéros de Boissier, «L'Hôtel de Ville» dans Cat. Exp. *L'Art baroque à Lyon*, Lyon, Institut d'Art, 1972, pp. 118-133.

Galactéros, 1973
L. Galactéros de Boissier, *Essai de catalogue des dessins de Thomas Blanchet*, (mémoire de maîtrise, dactylographie, Lyon, 1970), *L'Information d'histoire de l'Art*, n° 5, 1973, pp. 223-227.

Galactéros, 1975
L. Galactéros de Boissier, «Dessins de Thomas Blanchet dans les collections publiques françaises», *La Revue du Louvre et des Musées de France*, 1975, nᵒˢ 5-6, pp. 323-331.

Galactéros, 1980
L. Galactéros de Boissier, «Thomas Blanchet : La Grande Salle de l'Hôtel de Ville de Lyon», *La Revue de l'Art*, n° 47, 1980, pp. 29-42.

Gallet, 1975
M. Gallet, Cat. Exp. *L'Ancien Hôtel de Ville de Paris et de la Grève*, Paris, Musée Carnavalet, 1975 ; Rome, Palazzo Braschi, 1976.

Gere et Hulton, 1978-1979
J. Gere et P. Hulton, Cat. Exp., *Claude Lorrain, Dessins British Museum*, Paris, Louvre, Cabinet des Dessins, 1978-1979.

Gohory, 1593
J. Gohory, *Hystoria Iason is Thessaliae principis de Colchica velleris aurei expeditione...*, Paris, 1563.

Graf, 1976
D. Graf, *Die Handzeichnungen von Guglielmo Cortese und Giovanni Battista Gaulli*. Dusseldorf Kunstmuseum, Dusseldorf, 1976.

Guiffrey, 1902
J. Guiffrey, *Tapisseries de la Cathédrale de Strasbourg : La vie de la Vierge*, Paris, 1902.

Guiffrey, 1905
J. Guiffrey, «Les Dumoustier», *Revue de l'Art Ancien et Moderne*, XVIII, 1905, pp. 5-16, 325-342.

Guiffrey et Marcel
J. Guiffrey et P. Marcel, *Inventaire général des dessins du Musée du Louvre et du Musée de Versailles, Ecole française*, 9 vol., Paris, 1907-1921.

Guiffrey, Marcel et Rouchès
J. Guiffrey, P. Marcel et G. Rouchès, *Inventaire général des dessins du Musée du Louvre et du Musée de Versailles, Ecole française*, t. X, Paris, 1927.

Guillet de Saint-Georges, éd. Dussieux, 1852
J. Guillet de Saint-Georges, «*Mémoire historique des ouvrages d'Eustache Lesueur... lu à l'Académie le 5 août 1690*, édition Nouvelles recherches sur la vie et les ouvrages d'Eustache Le Sueur par L. Dussieux», *Archives de l'Art Français*, 1ʳᵉ série, 1852, Paris, 1852-1853, pp. 2-37.

Guillet de Saint-Georges, 1854
J. Guillet de Saint-Georges, «Mémoire historique des ouvrages de Charles Le Brun...» 1693, édition *Mémoires inédits sur la Vie et les Ouvrages des Membres de l'Académie Royale de peinture et de sculpture*, Paris, 1854.

Guillet de Saint-Georges, I
J. Guillet de Saint-Georges, «Mémoire historique des principaux ouvrages de M. Sarrazin», *Mémoires inédits sur la vie et les œuvres des membres de l'Académie Royale de Peinture et de Sculpture*, I, Paris, 1883.

Harprath, 1977
R. Harprath, Cat. Exp. *Italianische Zeichnungen des 16.Jahrhunderts aus eigenem Besitz*, Munich, 1977.

Harris, 1977
N. Harris, dans Cat. Exp. *Renaissance and Baroque Drawings from the collection of John and Alice Steiner*, Cambridge, Fogg Art Museum, 1977.

Herbet, 1937
F. Herbet, *Le château de Fontainebleau*, Paris, 1937.

Hollstein
F.W.H. Hollstein, *German engravings, etchings and woodcuts*, 20 vol., Amsterdam, 1954, en cours de parution.

Jacquot, 1894
A. Jacquot, «Notes sur Claude Deruet, peintre et graveur lorrain, 1588-1660», *Réunion des Sociétés des Beaux-Arts des Départements*, XVIIIᵉ session, Paris, 1894, pp. 763-943.

Jamot et Vergnet-Ruiz, 1935
   P. Jamot et J. Vergnet-Ruiz, Cat. Exp. *Portraits et figures de femmes, pastels et dessins*, Paris, Orangerie des Tuileries, 1935.
Joachim, 1974
   H. Joachim, *The Helen Regenstein collection of European Drawings*, Chicago, The Art Institute of Chicago, 1974.
Jouin, 1889
   H. Jouin, *Charles Le Brun et les Arts sous Louis XIV*, Paris, 1889.
Kaposy, 1974
   V. Kaposy, «Un dessin de Le Sueur pour l'Allégorie de la Monarchie française», *Bulletin du Musée hongrois des Beaux-Arts*, n° 43, 1974, pp. 89-95.
Klesse, 1973
   B. Klesse, *Katalog der italienischen, französischen und spanischen Gemälde bis 1800 im Wallraf-Richartz Museum*, Cologne, 1973.
Kitson, 1962
   M. Kitson, dans Cat. Exp., *L'Ideale classico del Seicento in Italia e la Pittura di Paesaggio*, Bologne, 1962.
Kitson, 1969
   M. Kitson, Cat. Exp., *The Art of Claude Lorrain*, Londres, Hayward Gallery, 1969.
Kitson, 1978
   M. Kitson, *Claude Lorrain: Liber veritatis*, Londres, 1978.
Knab, 1971
   E. Knab, «Observations about Claude, Angeluccio, Dughet and Poussin», *Master Drawings*, IX, 1971, n° 4, pp. 367-383.
L.
   F. Lugt, *Les Marques des Collections de dessins et d'estampes*, Amsterdam, 1921; *Supplément*, La Haye, 1956.
Laclotte, 1960-1961
   M. Laclotte, dans Cat. Exp. *The Splendid Century, French Art 1600-1715*, New York, The Metropolitan Museum of Art, 1960-1961.
Lavallée, 1952
   M. Lavallée, «Dessins de Simon Vouet», *Etudes d'art, publiées par le Musée national des Beaux-Arts d'Alger*, 1952, vol. 7, pp. 109-126.
Lavallée, 1930
   P. Lavallée, *Le dessin français du XIVe au XVIe siècle*, Paris, 1930.
Lavallée, 1948
   P. Lavallée, *Le dessin français*, Paris, 1948.
Leclair et Rosenberg, 1972
   A. Leclair et P. Rosenberg, «De Jean Dubois à Louis-Jacques Durameau: Notes sur la chapelle de la Trinité à Fontainebleau», *Bulletin de la Société de l'Histoire de l'Art Français, Année 1971*, 1972, pp. 256-268.
Legrand
   M. Legrand, «Notes sur quelques œuvres françaises figurant à l'exposition», *Bulletin du Musée Carnavalet*, 1950, pp. 5-9.
Lejeaux, 1946
   J. Lejeaux, «Charles Poërson and the Tapestries of the Virgin in the Strasbourg Cathedral», *Gazette des Beaux-Arts*, XXX, juillet 1946, pp. 17-29.
Lejeaux, 1948
   J. Lejeaux, «La tenture de la vie de la Vierge à la cathédrale de Strasbourg», *Gazette des Beaux-Arts*, décembre 1948, pp. 405-418.
Lieure, 1927-1929
   J. Lieure, *Jacques Callot, Catalogue de l'œuvre gravée*, 8 vol., Paris, 1927-1929.

Lugt, 1949
   F. Lugt, *Musée du Louvre, Inventaire général des dessins des Ecoles du Nord, Ecole Flamande*, II, Paris, 1949.
Lugt, 1968
   F. Lugt, *Musée du Louvre, Inventaire général des dessins des Ecoles du Nord. Maîtres des anciens Pays-Bas nés avant 1550*, Paris, 1968.
Macandrew, 1981
   H. Macandrew, dans Cat. Exp., *Poussin, Sacrements and Bacchanals*, Edimbourg, 1981.
Mahon, 1962
   D. Mahon, dans Cat. Exp. *L'Ideale classico del Seicento in Italia e la Bittura di Paesaggio*, Bologne, 1962.
Manning, 1967
   R.-L. Manning, Cat. Exp. *Vouet to Rigaud, French masters of the seventeenth century*, New York, Finch College Museum of Art, New York, 1967.
McAllister Johnson
   W. McAllister Johnson, «From Favereau's "Tableau des Vertus et des Vices" to Marolle's "Tableau du Temple des Muses"», *Gazette des Beaux-Arts*, LXXI, n° 1190, mars 1968, pp. 171-190.
Mariette, *Abecedario*
   P. de Chennevières et A. de Montaiglon, *Abecedario de Mariette et autres notes inédites de cet amateur sur les arts et les artistes*, Archives de l'Art Français, 6 vol., Paris, 1851-1860.
Marolles
   Voir Duplessis.
Marot, 1970
   P. Marot, *Le vieux Nancy*, Nancy, 1970.
Marot, 1973
   P. Marot, «La statue équestre du duc Charles III conçue pour la Ville-Neuve de Nancy et son modèle», *Pays Lorrain*, LIV, 1973, 1, pp. 13-32.
Marot, 1975
   P. Marot, «Jacques Callot, sa vie, son travail, ses éditions; nouvelles recherches», *Gazette des Beaux-Arts*, janvier, mai-juin, décembre 1975, pp. 1-38, 155-174, 185-198.
Méjanès, 1967
   J.-F. Méjanès, dans Cat. Exp. *Le Cabinet d'un grand amateur P.-J. Mariette*, Paris, Louvre 1967.
Méjanès, 1977-1978
   J.-F. Méjanès, dans Cat. Exp. *Les collections de Louis XIV*, Paris, Orangerie, 1977-1978.
Méjanès, 1983
   J.-F. Méjanès, Cat. Exp. *Les collections du comte d'Orsay: dessins du musée du Louvre*, Paris, Louvre, Cabinet des Dessins, 1983.
Méjanès, 1984
   J.-F. Méjanès, dans Cat. Exp. *Acquisitions du Cabinet des Dessins 1973-1983*, Paris, Louvre, Cabinet des Dessins, 1984.
Mérot, 1983-1984
   A. Mérot, dans Cat. Exp. *Raphaël et l'art français*, Paris, Grand Palais, 1983-1984.
Mérot, 1984
   A. Mérot, dans Cat. Exp. *Simon Vouet-Eustache Le Sueur. Dessins du Musée de Besançon, Collection du Musée n° 5*, Besançon, 1984.
Moisy et Carrier, 1974
   P. Moisy et L. Carrier, *Catalogue du Musée des Beaux-Arts de La Rochelle*, La Rochelle, 1974 (2e édition revue par L. Carrier).
Monbeig-Goguel, 1981
   C. Monbeig-Goguel, «Guglielmo Cortese et le *Sacrifice d'Aaron a San Marco*», *Per A.-E. Popham*, Parme, 1981, pp. 165-177.

Monnier, 1965

G. Monnier, dans Cat. Exp. *Le XVIe siècle européen, dessins du Louvre*, Paris, Louvre, 1965.

Monnier, 1968

G. Monnier, *Dessins du Louvre, école française* (sous la direction M. Sérullaz, en collaboration avec L. Duclaux), Paris, 1968 ; édition américaine, New York, 1968.

Monnier, 1972

G. Monnier, *Inventaire des collections publiques françaises, no 18, Paris, Louvre, Cabinet des Dessins. Pastels XVIIe et XVIIIe siècles*, Paris, 1972.

Monnier, 1983

G. Monnier, *Le Pastel*, Genève, 1983.

Moreau-Nélaton, 1924

E. Moreau-Nélaton, *Les Clouet et leurs émules*, 3 vol., Paris, 1924.

Montagu, 1963

J. Montagu, dans Cat. Exp. *Charles Le Brun, peintre et dessinateur*, Versailles, 1963.

Montagu, 1963 (2)

J. Montagu, « The early Ceiling Decorations of Charles Le Brun », *The Burlington Magazine*, CV, no 726, septembre 1963, pp. 395-408.

Montaiglon, 1852

A. de Montaiglon, « Essai de catalogue des dessins de Le Sueur », Nouvelles recherches sur la vie et les ouvrages de Le Sueur par L. Dussieux, *Archives de l'Art Français*, 1re série, II, 1852. Paris, 1852-1853, pp. 77-113.

Montaiglon, 1862

A. de Montaiglon, « Chapelle du château de Fontaine-bleau », *Archives de l'Art Français*, 2e série, II, 1862, pp. 349-366.

Müntz et Molinier, 1865

E. Müntz et E. Molinier, « Le château de Fontainebleau au XVIIIe siècle d'après des documents inédits, II ; Comptes des Bâtiments du palais de Fontainebleau pour les années 1639-1642 », *Mémoire de la Société de l'Histoire de Paris et de l'Ile-de-France*, XII, 1865.

Niclausse, 1971

J. Niclausse, « Notes sur quelques tapisseries de l'histoire de Diane de Toussaint Dubreuil », *Joa Conto in Memoriam, Fondation Calouste Gulbenkian*, Lisbonne, 1971, pp. 137-149.

Nicolson, 1974

B. Nicolson et Ch. Wright, *Georges de La Tour*, Londres, 1974.

Nivelon

Cl. Nivelon, *Vie de Charles Le Brun et description détaillée de ses ouvrages*, 1699-1704, Bibliothèque nationale, man. fr., 12.987.

Novoselskaia, 1981

I. Novoselskaia, « More about the work of Lagneau », *Etude d'Histoire de l'Art de l'Ermitage*, Léningrad, 1981, pp. 127-228 (en russe, résumé en anglais).

Oberhuber, 1980

K. Oberhuber, dans Cat. Exp., *French Drawings from a Private Collection : Louis XIII to Louis XIV, (Collection Emil Wolf, New York)*, Cambridge, Fogg Art Museum, 1980.

O'Neill, 1980

M. O'Neill, *Les peintures de l'école française du XVIIe et XVIIIe siècles, catalogue critique du Musée d'Orléans*, Paris, 1980.

Ovide

Ovide, *Les Métamorphoses*, Paris, 1966 (traduction par J. Chamonard).

Pariset, 1948

F.-G. Pariset, *Georges de La Tour*, Paris, 1948.

Pariset, 1950

F.-G. Pariset, « Dessins de Jacques de Bellange », *La Critica d'Arte*, 1950, VIII, pp. 341-362.

Pariset, 1962

F.-G. Pariset, « Jacques de Bellange », *L'Œil*, no 93, septembre 1962, pp. 42-49.

Pariset, 1963

F.-G. Pariset, « Bellange et Lagneau ou le maniérisme et le réalisme en France après 1600 », *Studies in Western Art Act of the Twentieth International Congress of the History of Art*, Princeton, 1963.

Pariset, 1967

F.-G. Pariset, « Claude Deruet », *L'Œil*, no 155, novembre 1967, pp. 10-17.

Petitjean et Wickert, 1925

Ch. Petitjean et Ch. Wickert, *Catalogue de l'œuvre gravé de Robert Nanteuil, avec Notice biographique de Courboin*, Paris, 2 vol., 1925.

Piganiol de la Force, 1742

Piganiol de la Force, *Description de Paris, de Versailles, de Marly, de Meudon, de Saint-Cloud, de Fontainebleau*, Paris, 1742.

Pinset et d'Auriac, 1884

R. Pinset et J. d'Auriac, *Histoire du portrait en France*, Paris, 1884.

Pognon, 1959

E. Pognon, « Les portraits de Ronsard. Essai d'épuration iconographique », *Gazette des Beaux-Arts*, septembre 1959, pp. 109-116.

Ponchâteau, 1978

D. Ponchâteau, « Portrait d'homme attribué à Lagneau », *L'Estampille*, mars 1978, no 95, pp. 43-44.

Ponchâteau, 1978-2

D. Ponchâteau, « Une œuvre magistrale de Laurent de La Hyre : les dessins pour les tapisseries de Saint-Etienne-du-Mont », *L'Estampille*, octobre 1978, no 102, pp. 76 à 82.

Ponsonailhe, 1886

Ch. Ponsonailhe, *Sébastien Bourdon, sa vie et son œuvre*, Paris, 1886 (impr. en 1883 à Montpellier).

Prat, 1979

L.-A. Prat, « Une collection de dessins d'artistes français par Philippe de Chennevières, Index », *Bulletin de la Société de l'Histoire de l'Art Français, Année 1977*, 1979, pp. 275-295.

Prat, 1980

V. et L.-A. Prat, « Dessins de la collection Chennevières et dessins de Delacroix » *Etudes de la Revue du Louvre et des Musées de France, I, La donation Baderou au Musée de Rouen, Ecole Française*, Paris, 1980, pp. 130-138.

Prat, 1983

L.-A. Prat, « Quelques nouveau dessins de François Perrier, 1590-1650 », *Bulletin de la Société de l'Histoie de l'Art Français, Année 1981*, 1983, pp. 51-57.

Prosperi Valenti Rodinó, 1979

S. Prosperi Valenti Rodinó, Cat. Exp. *Disegni di Guglielmo Cortese detto il Borgognone nelle collezioni del Gabinetto Nazionale delle Stampe*, Roma, 1979.

Pruvost-Auzas, 1958

J. Pruvost-Auzas, Cat. Exp., *Artistes orléanais au XVIIe siècle*, Orléans, Musée des Beaux-Arts, 1958.

Reiset, 1869

F. Reiset, *Notice des dessins, cartons, pastels, miniatures et émaux exposés dans les salles du 12er et du 2e étage au Musée Impérial du Louvre, Ecole Française*, II, Paris, 1869.

Richardson, 1979

J. Richardson, dans Cat. Exp. *The collections of Germain Seligman, paintings, drawings and work of art*, New York, Luxembourg, Londres, 1979.

Richter, 1968
M. Richter, « Die Kunsthalle-Zeit "Cœur de France - Kunst des Berry" », *Die Weltkunst*, mars 1968, n° 5, p. 164.

Robert-Dumesnil
A.-F.-P. Robert-Dumesnil, *Le peintre-graveur français*, 11 vol., Paris, 1835-1871.

Röthlisberger, 1961
M. Röthlisberger, *Claude Lorrain, The Paintings*, 2 vol., New-Haven et Londres, 1961.

Röthlisberger, 1965
M. Röthlisberger, « Drawings around Claude, Part I : A group of Sixty Grimaldesque Drawings », *Master drawings*, III, 1965, n° 4, pp. 369-380.

Röthlisberger, 1968
M. Röthlisberger, *Claude Lorrain, The Drawings*, 2 vol., Los Angeles, 1968.

Röthlisberger, 1971
M. Röthlisberger, Cat. Exp. *The Claude Lorrain Album. The Norton Simon, Inc. Museum of Art*, Los Angeles, Country Museum of Art, 1971.

Rousseau, 1983
L. Rousseau, « Lagneau ou Nicolas Lagneau de Verneuil », *Gazette des Beaux-Arts*, mars, 1983, pp. 105-108.

Rosenberg, 1966
P. Rosenberg, *Inventaire des collections publiques françaises, n° 14, Rouen, Musée des Beaux-Arts. Tableaux français du XVIIᵉ siècle et italiens des XVIIᵉ et XVIIIᵉ siècles*, Paris, 1966.

Rosenberg, 1966-2
P. Rosenberg, « Some Drawings by Claude Vignon », *Master Drawings*, IV, 1966, n° 3, pp. 289-293.

Rosenberg, 1968
P. Rosenberg, Cat. Exp. *Mostra di disegni francesi da Callot à Ingres*, Florence, Gabinetto Disegni e Stampe degli Uffizi, 1968.

Rosenberg, 1971
P. Rosenberg, « Compte-rendu de l'exposition *Dessins du National Museum de Stockhölm* », *La Revue de l'Art*, n° 11, 1971, pp. 100-101.

Rosenberg, 1972
P. Rosenberg, Cat. Exp. *French Master drawings of the 17th an 18th Centuries in North American Collections ; Dessins Français du XVIIᵉ et du XVIIIᵉ siècle dans les collections américaines*, Toronto, Ottawa, San Francisco, New York, 1972-1973.

Rosenberg, 1971 et 1976
P. Rosenberg, *Il Seicento Francese, I desegni dei Maestri*, Milan, 1971 ; édition française revue, Pully, Paris, 1976.

Rosenberg, 1973
P. Rosenberg, dans Cat. Exp. *La Mort de Germanicus de Poussin*, Paris, Louvre, Les dossiers du département des peintures, n° 7, Paris, 1973.

Rosenberg, 1978
P. Rosenberg, dans Cat. Exp. *La peintue en Provence au XVIIᵉ siècle*, Marseille, Musée des Beaux-Arts, juillet-octobre 1978 (avec la collaboration de F. Heilbrun).

Rosenberg, 1979
P. Rosenberg, « Tableaux français du XVIIᵉ siècle », *La Revue du Louvre et des Musées de France*, 1979, n°ˢ 5-6, pp. 401-407.

Rosenberg, 1981-1982
P. Rosenberg et F. Bergot, Cat. Exp. *French Master Drawings from the Rouen Museum. From Caron to Delacroix*, Washington, New York, Minneapolis, Malibu, International Exhibitions Fondation, 1981-1982.

Rosenberg, 1982
P. Rosenberg, Cat. Exp. *La peinture française du XVIIᵉ siècle dans les collections américaines*, Paris, Grand Palais, 1982 (éditions américaine, New York, Metropolitan Museum, Chicago, The Art Institute, 1982).

Rosenberg
Voir Leclair.

Rosenberg Henderson, 1970
N. Rosenberg Henderson, « Le Sueur's Allegory of Magnificence », *The Burlington Magazine*, CXII, n° 805, avril 1970, pp. 213-217.

Rosenberg Henderson, 1974
N. Rosenberg Henderson, « Le Sueur's Decorations for the Cabinet des muses in the Hôtel Lambert », *The Art Bulletin*, LXI, 1974, n° 4, pp. 555-569.

Rosenberg, Reynaud, Compin, 1974
P. Rosenberg, N. Reynaud, I. Compin, *Musée du Louvre, Catalogue illustré des peintures, Ecole Française, XVIIᵉ et XVIIIᵉ siècle*, 2 vol., Paris, 1974.

Rouchès, 1923
G. Rouchès, *Eustache Le Sueur*, Paris, 1923.

Roussel, 1934
J. Roussel, Cat. Exp. *La Passion du Christ dans l'Art Français*, Paris, Trocadéro et Sainte-Chapelle, 1934.

Russell, 1975
H.-D. Russell, Cat. Exp. *Jacques Callot, Prints and related Drawings*, Washington National Gallery, 1975.

Russell, 1982-1983
H.-D. Russell, Cat. Exp., *Claude Lorrain 1660-1682*, Washington, National Gallery, 1982-1983 ; *Claude Gellée dit Le Lorrain, 1600-1682*, Paris, Grand Palais, 1983.

Sapin, 1978
M. Sapin, « Contribution à l'étude de quelques œuvres d'Eustache Le Sueur », *La Revue du Louvre et des Musées de France*, 1978, n° 4, pp. 242-254.

Sauval, 1724
H. Sauval, *Histoire et recherches des antiquités de la ville de Paris*, t. II, Paris, 1724 (écrit vers 1670).

Schleier, 1970
E. Schleier. « Aggiunte a Guglielmo Cortese detto il Borgognone », *Antichita Viva*, 1970, n° 1, pp. 3-25.

Schleier, 1983
E. Schleier, « Compte rendu de l'exposition "La peinture française du XVIIᵉ siècle dans les collections américaines" », *Kunstchronik*, mai 1983, n° 5, pp. 227-237.

Schnapper, 1978
A. Schnapper, *Catalogue du fonds Nicolas Mignard, Prouté S.A. Paris. Catalogue Centenaire, 1978, 2ᵉ partie*, Paris, 1978.

Schnapper, 1979
A. Schnapper, Cat. Exp. *Nicolas Mignard d'Avignon (1606-1668)*, Avignon, Palais des Papes, 1979.

Schnapper, 1981
A. Schnapper, « Après l'exposition Nicolas Mignard », *Revue de l'Art*, n° 52, 1981, pp. 29-36.

Schweinsberger, 1981
E. Schenk zu Schweinsberger, « Un Album de "Lagneau" provenant de Thouars ? », *Gazette des Beaux-Arts*, mai-juin 1981, pp. 189-200.

Sérullaz, 1959
M. Sérullaz, dans Cat. Exp. *Il Disegno francese da Fouquet à Toulouse-Lautrec*, Rome, Palazzo di Venezia ; Milan, 1959-1960.

Sérullaz, 1968
M. Sérullaz, *Dessins du Louvre, école française* (avec la collaboration de L. Duclaux et G. Monnier), Paris, 1968 ; édition américaine, New York, 1968.

Shearman, 1960
J. Shearman, « Les Dessins et Paysages de Poussin », *Actes du Colloque Nicolas Poussin, Paris, 1958*, 2 vol., Paris 1960, I, pp. 181-188.

Spear, 1982
R.-E. Spear, *Domenichino*, New Haven, Londres, 1982, 2 vol.

Stechow, 1953
W. Stechow, « Héliodorus *Aethiopica*, in Art », *Journal of the Warburg and Courtauld Institutes*, 1953, XVI, pp. 144-152.

Sterling, 1932
Ch. Sterling, dans Cat. Exp. *French Art, 1200-1900*, Londres, Royal Academy of Arts, 1932.

Sterling, 1937
Ch. Sterling, Cat. Exp. *Chefs-d'œuvre de l' Art Français*, Paris, Palais National des Arts, 1937.

Sterling, 1940
Ch. Sterling, *La peinture française aux XVIe-XVIIe siècles*, Paris, 1940.

Sterling, 1960
Ch. Sterling, « Quelques imitateurs et copistes de Poussin », *Actes du Colloque Nicolas Poussin, Paris, 1958*, Paris, 2 vol. 1960, I pp. 265-276.

Sterling, 1961
Ch. Sterling, « Les peintres Jean et Jacques Blanchard », *Art de France*, I, 1961, pp. 76-118.

Tauzia, 1879
Vicomte Both de Tauzia, *Notice supplémentaire des dessins, cartons, pastels et miniatures des diverses écoles exposées, depuis 1869, dans les salles du premier étage du Musée national du Louvre*, Paris, 1879.

Tauzia, 1881
Vicomte Both de Tauzia, *Notice des dessins de la collection His de la Salle exposés au Louvre*, Paris, 1881.

Ternois, 1954
D. Ternois, « Un album de dessins au château de Chatsworth. Jacques Callot paysagiste », *Gazette des Beaux-Arts*, mars 1954, pp. 151-164.

Ternois, 1961
D. Ternois, *Jacques Callot, catalogue complet de son œuvre dessiné*, Paris, 1961.

Ternois, 1962
D. Ternois, *L'art de Jacques Callot*, Paris, 1962.

Ternois, 1973
D. Ternois, « Callot et son temps, dix ans de recherches (1962-1972) », LIV, *Le Pays Lorrain*, 1973, n° 4, pp. 211-248.

Thiery, 1787
M. Thiery, *Guides des amateurs et des étrangers voyageurs à Paris*, tome 4, Paris, 1787.

Thuillier, 1960
J. Thuillier, « Poussin et ses premiers compagnons français à Rome », *Actes du Colloque Nicolas Poussin, Paris, 1958*, 2 vol., Paris, 1960, I, pp. 71-116.

Thuillier, 1960-2
J. Thuillier, « Pour un Corpus Pussinianum », *Actes du Colloque Nicolas Poussin, Paris, 1958*, 2 vol., Paris, 1960, II, pp. 49-238.

Thuillier, 1961
J. Thuillier, « Brébiette », *L'Œil*, n° 77, mai 1961, pp. 48-56.

Thuillier, 1963
J. Thuillier, « Le "vrai Callot" », *Art de France*, n° 3, 1963, pp. 232-235.

Thuillier, 1967
J. Thuillier, « Le Brun et Rubens », *Bulletin des Musées royaux des Beaux-Arts de Belgique*, 16, 1967, pp. 247-268.

Thuillier, 1972
J. Thuillier, dans Cat. Exp. *L'Ecole de Fontainebleau*, Paris, Grand Palais, 1972-1973.

Thuillier, 1972-2
J. Thuillier, « Musée des Beaux-Arts de Dijon, II, Deux tableaux de François Perrier », *La Revue du Louvre et des Musées de France*, 1972, nᵒˢ 4-5, pp. 307-314.

Thuillier, 1973
J. Thuillier, « Un peintre oublié : Le sculpteur Jacques Sarazin », *Album A Amicorum J.-G. Van Gelder*, La Haye, 1973, pp. 321-324.

Thuillier, 1974
J. Thuillier, *Tout l'œuvre peint de Poussin*, Paris, 1974.

Thuillier, 1974-2
J. Thuillier, *Inventaire illustré d'œuvres démembrées célèbres de la peinture européenne*, Paris, 1974, pp. 104-107 (ouvrage collectif).

Thuillier, 1975
J. Thuillier, « Peinture et Politique : une théorie de la galerie royale sous Henri IV », *Etudes d'art français offertes à Charles-Sterling* (réunies et publiées par A. Châtelet et N. Raynaud), Paris, 1975, pp. 175-205.

Thuillier, 1975-2
J. Thuillier, « Fontainebleau et la peinture Française du XVIIe siècle », *Actes du Colloque International sur l'art de Fontainebleau*, octobre 1972, Paris, 1975, pp. 249-268.

Thuillier, 1980
J. Thuillier, « Du "maniérisme" romain à l'"atticisme" parisien : Louis Brandin, Jean Boucher, Pierre Brébiette, Laurent de La Hyre, Ecole française », *Etudes de la Revue du Louvre et des Musées de France. I. La donation Baderou au Musée de Rouen, Ecole française*, Paris, 1980, pp. 23-31.

Thuillier, 1981
J. Thuillier, « Charles Mellin "très excellent peintre" », *Les Fondations nationales dans la Rome pontificale, Collection de l'Ecole française de Rome*, Rome, 1981, n° 52, pp. 583-684.

Thuillier, 1982
J. Thuillier, Cat. Exp., *Claude Lorrain e i Pittori Lorenesi in Italia nel XVII secolo*, Rome, Académie de France, Villa Medici ; Nancy, Musée des Beaux-Arts, 1982.

Thuillier, 1983
J. Thuillier, « Propositions pour : II, Charles-Alphonse Du Fresnoy peintre », *Revue de l'Art*, n° 61, 1983, pp. 29-52.

Vallery-Radot, 1953
J. Vallery-Radot, *Le Dessin français au XVIIe siècle*, Lausanne, 1953.

Vallery-Radot, 1955
J. Vallery-Radot, « Six dessins de Simon Vouet du recueil Cholmondeley », *Bulletin de la Société de l'Histoire de l'Art Français, Année 1954; 1955*, pp. 26-31.

Van Gelder, 1934
J.G. Van Gelder, « Notes and Drawings : Jacques Bellange », *Old Master Drawings*, n° 34, septembre 1934, p. 29.

Van Heldingen, 1974
H.W. Van Heldingen « Poussin's Drawings of the red sea », *Simiolus*, V, 1971, pp. 64-74.

Vanuxem, 1963
J. Vanuxem, « Situation de Le Brun », *Art de France*, 4, 1964, pp. 305-309.

Viatte, 1972-1973
F. Viatte, dans Cat. Exp. *Il Paesaggio nel Disegno nel Cinquecento Europeo*, Rome, Académie de France, Villa Medici, 1972-1973.

Vigenère, 1578
B. de Vigenère, *Traduction des Images ou tableaux de plate Peinture décrits par Philostrate l'Ancien*, Paris, 1578.

Vitzthum, 1965
W. Vitzthum, « Zuschreibungen an François Perrier », *Walter Friedländer zum 90. Geburtstag*, Berlin, 1965, pp. 211-216.

Vitzthum, 1965-2
W. Vitzthum, «L'album Perrier du Louvre», *L'Œil*, n° 124, mai 1965, pp. 20-24.

Vitzthum, 1969
W. Vitzthum, «Compte rendu exposition Römische Barockzeichnungen», *Revue de l'Art*, n° 5, 1969, p. 93.

Walsh, 1973
N. Walsh, *Die Radierungen des Jacques Bellange, Chronologie und kritischer Katalog*, Munich, 1973.

Ward-Neilson, 1974
N. Ward-Neilson, «Review of l'Ecole de Fontainebleau, exhibition catalogue 1972-1973», *Master Drawings*, XII, 1974, n° 2, p. 169.

Weigert
R.-A. Weigert, *Cabinet des Estampes, Inventaire du Fonds Français, Graveurs du XVIIe siècle, Bibliothèque Nationale*, 6 vol., Paris, 1939-1973.

Weigert, 1951
R.-A. Weigert, «Deux marchés passés par Simon Vouet pour les décorations de l'appartement d'Anne d'Autriche au Palais Royal (1645)», *Bulletin de la Société de l'Histoire de l'Art Français, Année 1950*, 1951, pp. 101-105.

Weigert, 1955
R.-A. Weigert, dans Cat. Exp. *Malherbe et les poètes de son temps*, Paris, Bibliothèque nationale, 1955.

Weigert et Préaud, 1976
R.-A. Weigert et M. Préaud, *Cabinet des Estampes, Inventaire du Fonds Français, Graveurs du XVIIe siècle, Bibliothèque Nationale*, Paris, 1976.

Wild, 1966—1967
D. Wild, «Charles Mellin ou Nicolas Poussin», *Gazette des Beaux-Arts*, octobre 1966, pp. 177-314; janvier 1967, pp. 3-44.

Wild, 1980
D. Wild, *Nicolas Poussin*, 2 vol., Zurich, 1980.

Wildenstein, 1957
G. Wildenstein, *Les graveurs de Poussin au XVIIe siècle*, Paris, 1957.

Wildenstein, 1960
G. Wildenstein, «L'activité de Toussain Dubreuil en 1956», *Gazette des Beaux-Arts*, décembre 1960, pp. 333-340.

Wildenstein, 1960-2
G. Wildenstein, «Les Beaubrun», *Gazette des Beaux-Arts*, novembre 1960, pp. 261-274.

Wilhelm, 1956
J. Wilhelm, «Supplément à l'ouvrage de MM. Brière, Dumolin et Jarry sur les tableaux de l'Hôtel de Ville de Paris et le l'Abbaye Sainte-Geneviève», *Bulletin de la Société de l'Histoire de l'Art Français, Année 1955*, Paris, 1956, pp. 21-23.

Wilhelm, 1963
J. Wilhelm, «Pourbus peintre de la municipalité parisienne», *Arts de France*, 3, 1963, pp. 114-123.

Wilhelm, 1963-2
J. Wilhelm, «Les décorations de l'hôtel de la Rivière, nouveaux documents», *Bulletin du Musée Carnavalet*, 2, novembre 1963, pp. 2-19.

Wilhelm, 1969
J. Wilhelm, «Quelques œuvres oubliées ou inédites des peintres de la Famille Beaubrun», *Revue de l'Art*, n° 5, 1969, pp. 19-32.

Worthen et Reed, 1975-1976
A.-N. Worthen et S.W. Reed, Cat. Exp. *Jacques Bellange*, Des Moines, Boston, New York, 1975-1976.

Table de concordance
des numéros d'inventaire

Inventaire n°	Catalogue n°	Inventaire n°	Catalogue n°	Inventaire n°	Catalogue n°
487	151	29 124	140	RF 762	63
3 097	35	29 453	144	RF 765	80
6 344	152	29 647	146	RF 767	133
11 537	18	30 643	122	RF 842	48
11 594	21	30 644	119	RF 843	62
13 681	47	30 656	120	RF 879	32
13 945	33	30 658	117	à 1 060	
14 270	23	30 663	129	RF 2 359	56
19 860	90	30 669	126	RF 2 360	8
19 863	91	30 676	121	RF 2 361 bis	10
19 864	92	30 678	127	RF 2 812	149
19 970	37	30 684	128	RF 4 564	75/2
20 170	14	30 688	123	RF 4 565	75/1
20 478	19	30 692	124	RF 4 566	74
20 602	71	30 697	125	RF 4 568	116
20 603	72	30 721	118	RF 4 574	78
21 122	70	30 834	24	RF 4 575	77
21 768	15	30 954	73	RF 4 584	85
22 196	45	31 018	108	RF 4 586	86
23 712	20	31 038	109	RF 4 591	83
23 767	87	31 375	150	RF 4 595	82
23 786	113	32 282	147	RF 5 892	115
24 991	130	32 285	148	RF 11 984	11
24 992	131	32 418	105	RF 14 720	29
24 998	132	32 429	53	RF 14 731	30
25 004	135	32 431	49	RF 24 231	22
25 009	134	32 432	59	RF 24 247	13
25 048	69	32 448	64	RF 28 166	136
25 059	41	32 451	58	RF 28 296	38
25 063	42	32 454	106	RF 29 015	114
25 068	43	32 465	51	RF 29 091	112
25 116	39	32 467	50	RF 29 360	68
25 199	107	32 481	60	RF 29 878	66
25 231	110	32 494	67	RF 34 427	89
25 284	88	32 889	65	RF 34 516	26
26 253	6	33 275	46	RF 34 518	95
26 268	7	33 309	31	RF 35 515	12
26 277	5	33 312	27	RF 36 838	99
26 366	16	33 314	25	RF 36 852	100
26 686	84	33 317	28	RF 36 859	101
26 690	81	33 320	34	RF 36 860	102
26 692	76	33 563	3	RF 36 869	103
26 698	79	33 571	2	RF 36 941	104
27 452	17	33 594	4	RF 37 299	44
27 482	93	33 604	9	RF 40 957	111
27 506	96	33 775	153		
27 512	98	33 958	94		
27 513	97	33 996	36		
27 684	137				
27 834	141	MI 988	54		
28 010	145	MI 992	55		
28 448	142			Collection Edmond de Rothschild	
28 487	143	RF 750	57		
29 067	139	RF 753	52	DR 3 475,	40
29 077	138	RF 757	61	DR 3 493	1

Expositions du Cabinet des Dessins

19. Dessins florentins de la collection Filippo Baldinucci, 1958.
20. Monuments et sites d'Italie vus par les dessinateurs français de Callot à Degas, 1958.
21. Dessins de Pierre-Paul Rubens, 1959.
22. Le théâtre et la danse en France aux xviie et xviiie siècles, 1959.
23. Dessins romains du xviie siècle. Artistes italiens contemporains de Poussin, 1960.
24. François-Marius Granet, 1960.
25. Dessins français du xviie siècle. Artistes français contemporains de Poussin, 1960.
26. Dessins de Jean-François Millet, 1960.
27. Dessins allemands de la fin du xve siècle à 1550, 1961.
28. Dessins des Carrache, 1962.
29. Dessins de Corot, 1962.
30. Delacroix, dessins, 1963.
31. Pastels et miniatures des xviie et xviiie siècles, 1963.
32. Dessins de sculpteurs, de Pajou à Rodin, 1964.
33. Dessins de l'École de Parme, 1964.
34. Pastels et miniatures des xve et xviiie siècles, 1964.
35. Boudin, aquarelles et pastels, 1965.
36. Giorgio Vasari, dessinateur et collectionneur, 1965.
37. Pastels et miniatures du xiie siècle, 1966.
38. Amis et contemporains de P.-J. Mariette, 1967.
39. Le dessin à Naples du xvie au xviiie siècle, 1967.
40. Dessins de Steinlen (1859-1923), 1968.
41. Maîtres du Blanc et Noir de Prud'hon à Redon, 1968.
42. Dessins de Taddeo et Federico Zuccaro, 1968.
43. Dessins de Raphaël à Picasso (Galerie nationale du Canada), 1970.
44. Dessins vénitiens du xve au xviiie siècle, 1970.
45. Dessins du Nationalmuseum de Stockholm, 1970.
46. De Van Eyck à Spranger. Dessins des maîtres anciens Pays-Bas, 1971.
*47. Dessins du Musée de Darmstadt, 1971.
48. Dessins de la Collection du marquis de Robien conservés au Musée de Rennes, 1972.
*49. Dessins d'architecture du xve au xixe siècle dans les collections du Musée du Louvre, 1972.
*50. Dessins français de 1750 à 1825. Le néo-classicisme, 1972.
*51. Cent dessins du Musée Teyler, Haarlem, 1972.
*52. La Statue équestre de Bouchardon, 1973.
53. Le dessin italien sous la Contre-Réforme, 1973.
54. Dessins français du Metropolitan Museum de New York. De David à Picasso, 1973-1974.
55. Cartons d'artiste du xve au xixe siècle, 1974.
*56. Dessins du Musée Atger, Montpellier, 1974.
57. Dessins italiens de l'Albertina de Vienne, 1975.
*58. Dessins italiens de la Renaissance, 1975.
59. Michel-Ange au Louvre. Les dessins, 1975.
60. Voyageurs au xviie siècle, 1975.
*61. Dessins du Musée des Beaux-Arts de Dijon, 1976.
62. Dessins français de l'Art Institute de Chicago. De Watteau à Picasso, 1976-1977.
*63. De Burnes-Jones à Bonnard. Dessins provenant du Musée National d'Art Moderne, 1977.
64. Le corps et son image. Anatomies, académies, 1977.
*65. Rubens, ses maîtres, ses élèves. Dessins du Musée du Louvre, 1978.
66. Nouvelles attributions, 1978.
67. Claude Lorrain. Dessins du British Museum, 1978-1979.
68. Le paysage en Italie au xviie siècle. Dessins du Musée du Louvre, 1978-1979.
*69. Dessins français du xixe siècle du Musée Bonnat à Bayonne, 1979.
70. Revoir Dürer, 1980.
71. Revoir Ingres (dessins du Cabinet des Dessins). Paysages d'Ingres (dessins du Musée Ingres, Montauban). Portraits contemporains d'Ingres (dessins, miniatures et pastels du Cabinet des Dessins), 1980.
*72. Donations Claude Roger-Marx, 1980-1981.
73. Revoir Chassériau, 1980-1981.
74. Donation P.-F. Marcou - J. et V. Trouvelot, 1981.
*75. Dessins baroques florentins du Musée du Louvre, 1981-1982.
76. Revoir Delacroix, 1982.
*77. L'atelier de Desportes. Dessins et esquisses conservés par la Manufacture nationale de Sèvres, 1982-1983.
*78. Les collections du comte d'Orsay : dessins du Musée du Louvre, 1983.
*79. L'aquarelle en France au xixe siècle, 1983.
*80. Autour de Raphaël, 1983.
*81. Acquisitions du Cabinet des Dessins, 1973-1983.
*82. Dessin et Sciences, 1984.

Expositions de la Collection Edmond de Rothschild

1. Chefs-d'œuvre du Cabinet Edmond de Rothschild, 1959-1960.
2. Gravure française au xviiie siècle, 1960.
3. La Gravure italienne au Quattrocento, I, Florence, 1961.
4. La Gravure française au xviie siècle, 1963.
5. L'Ancien Testament, Gravures, 1964.
6. La Gravure italienne au Quattrocento et au début du Cinquecento, II, Florence et le nord de l'Italie, 1965.
7. Le Seizième Siècle européen. Gravures et dessins du Cabinet Edmond de Rothschild, 1965-1966.
* 8. Modes et Costumes français. Gravures et dessins, 1966.
9. François Boucher, 1971.
10. Les Incunables de la collection Edmond de Rothschild. La gravure en relief sur bois et sur métal, 1974.
11. Estampes « au ballon » de la collection Edmond de Rothschild, 1976.
*12. Maîtres de l'eau-forte des xvie et xviie siècles, 1980.

* *Catalogue encore disponible*

Photos : Réunion des musées nationaux
Maquette : Bruno Pfäffli
Photocomposition en Breughel : L'Union Linotypiste
Photogravure : Haudressy
Achevé d'imprimer le 15 octobre 1984
par l'Imprimerie Union, Paris

Dépôt légal octobre 1984
ISBN 2.7118.0282.5
8010.083